동아시아 도시의
접속과 연결

이론편

이 논문 또는 저서는 2022년 대한민국 교육부와 한국연구재단의 지원을 받아 수행된 연구임(NRF-2022S1A5C2A04093315)

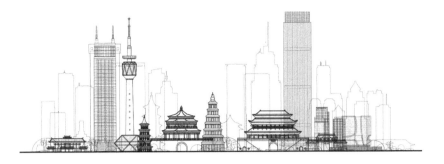

동아시아 도시의 접속과 연결

대구대학교 인문과학연구소 동아시아도시인문학총서

15 이론편

권응상
김영철
도현학
박승희
박종문
최병두

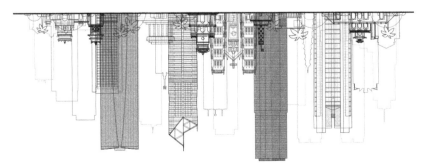

學古房

## 서문

수도권 집중과 지방 소멸이 큰 화두다. 수도권 사람들은 별 관심이 없고, 정치인들은 필요할 때만 적당히 레토릭을 쓴다. 갈라치기도 유행이다. 수도권 집중은 수도권 사람들 문제이고, 지방 소멸은 지방 사람들 몫이 되어버렸다. 그러니 아무도 믿지 말고 우리가 우리 지역을 이야기할 수밖에 없다.

혁신도시부터 국가공단까지, 정부가, 지자체가, 정치인이 시도한 무수한 지방 살리기는 모두 실패했다. 지방 소멸에 가속도만 붙었다. '지방에 살아보니 못 살겠더라'는 경험사례만 더 보탰다. 가시적 성과나 즉시적 효과를 위한 수치적 결과에만 초점을 맞춘 정치적 계획, 물리적 지원의 한계라고 생각한다.

지역의 시민이, 주체가 아니라 대상화되었기 때문이라고 진단한다. 도시 '혁명'까지는 아니더라도 시민이 주도하는 우리 지역 살리기 '운동'이 필요하다. 우선 문화적 동질성을 가진 동아시아의 도시들과 접속해보자. 그리고 상호의 고민과 관심사를 공유하는 시민을 연결하자. 이러한 과정 자체가 지역을 재발견하고 지역민의 마음을 재정립하는 에너지가 될 것이다. 메가시티의 물리적 질량에 맞서 동아시아 도시의 문화적 정신과 이야기를 연결하고 재구성해 보자는 것이다. 효과나 성과에 연연할 필요 없이 생각나는 대로, 내키는 대로 접속하고 연결해 보자는 것이다. '리좀'식으로 말이다.

그 속에서 우리 지역의 정체성을 새롭게 인식하게 될 것이고, 자랑스러워하게 될 것이다. 그러다 보면 이곳에 살고 싶어질지도, 나아가 살기를 권하고 싶어질지도 모를 일이다. 이러한 우리의 접속과 연결은 효과나 성과 같은 수량 단어나, 실패나 성공 같은 포폄(褒貶) 단어로 형용할 필요가 없다. '접속과 연결' 자체가 우리 스스로 펄럭이는 작은 날갯짓이고, 또 그 자체가 우리 삶의 과정이기 때문이다. 국가에, 자본에, 권력에 매몰되지 않는 소소한 문화적 삶이야말로 '서울의 삶'이 흉내 낼 수 없는 우리의 삶일 수 있다고 생각한다.

이것이 지금 우리가 동아시아 도시에 주목하는 이유이다.

이 책은 대구대학교 인문과학연구소가 영남일보, 대구경북학회와 공동으로 주관한 시민 강좌의 논의들을 모은 것이다. 대한민국은 수도권 일극주의로 인해 대구를 비롯한 지역 중추 도시가 쇠퇴하는 심각한 상황에 봉착되어 있다. 이에 시민과 함께 비슷한 처지의 동아시아 도시를 공부하고, 이를 기반으로 대구 경북의 지속가능성을 고민하는 공론의 장을 마련했던 것이다. 원론에서부터 각론까지 주옥같은 논의들이 오갔다. 기록할 가치가 크다.


2023년 12월
대구대학교 인문과학연구소장 권응상

# 목차

• 강좌소개
  대구경북 새로운 모색, 시민과 함께하는 도시학 강좌 ·············· 9

[제1강]
산업혁명 관점서 볼 수 없었던 도시 노동자 삶을 시민이 논의 ·········· 13

[제2강]
지역학, 국가주의에 대항해야 동아시아 도시 연대 매개 필요 ·········· 19

[제3강]
대구! 새로운 하이브리드 도시 공간을 열다 ····················· 25

[제4강]
도시와 대학 – 외국사례를 중심으로 ························· 29

[제5강]
미학적 기준까지 자본 구조화… 다양한 정체성 기반 연대 필요 ·········· 33

**제1장**

동아시아 도시의 접속과 연결

서라벌, 장안, 헤이안쿄의 도시 역사를 중심으로_권응상 ···························· 37

**제2장**

4차 산업혁명인가 도시혁명인가_최병두 ········································· 69

**제3장**

국가주의 너머 : 도시혁명과 지역학_김영철 ··································· 107

**제4장**

근대도시 대구! – 대구 재발견_도현학 ········································· 127

**제5장**

4차 산업혁명시대 : 일본, 독일, 이스라엘, 미국의 고등교육정책_박종문 ····· 149

**제6장**

지역학과 도시, 그리고 마주침_박승희 ········································· 183

# 대구경북 새로운 모색,
# 시민과 함께하는 도시학 강좌*

박종문
영남일보 편집국 부국장

영남일보와 대구경북학회, 대구대 인문과학연구소는 공동으로 '대구경북의 모색, 동아시아 도시와 접속하다'라는 주제로 시민강좌를 마련했다.

이번 시민강좌는 대구경북학회(회장 박승희 영남대 교수)가 지난 2019년부터 지역대학에서 시작한 '대구경북학 강좌'와 대구대 인문과학연구소(소장 권응상 교수)가 추진 중인 동아시아 도시인문학 프

* https://www.yeongnam.com/web/view.php?key=20230216010002258

시민 강좌 일정

| 일정 | 날짜 | 강의 주제 | 강사 | 비고 |
|---|---|---|---|---|
| 1강 | 3월9일 | 4차 산업혁명인가 도시학혁명인가 | 최병두 | 대구대 명예교수전 대구대 지리교육과 교수 |
| 2강 | 3월16일 | 국가주의 너머: 도시학혁명과 지역학 | 김영철 | 계명대 금융경제학과 교수 |
| 3강 | 3월23일 | 대구 새로운 하이브리드 도시 공간을 열다 | 도현학 | 영남대 건축학부 교수 |
| 4강 | 3월30일 | 도시와 대학-외국 사례를 중심으로 | 박충문 | 영남일보 부국장 |
| 5강 | 4월6일 | 이상하고 낯선, 만남과 마주침의 도시 | 박승희 | 영남대 국어국문학과 교수 |
| 6강 | 4월20일 | 사진으로 만나는 동남아시아의 민속 문화 | 김상수 | 사진작가(전 월간 '우리바다' 편집장) |
| 7강 | 4월27일 | 뮤지엄을 통해 본 동아시아 도시의 잠재적 가치 | 김정학 | 대구교육박물관장 |
| 8강 | 5월4일 | 베이징의 도시문화와 공간, 장소-후통을 중심으로 | 최경호 | 영남대 학예연구팀(북경 도시학 전문가) |
| 9강 | 5월11일 | 아주 특별한 지역학: 지역사회로부터 배우는 '교토학' | 다나카 사토시 | 교토 리츠메이칸대 교수 |
| 10강 | 5월18일 | 동아시아 도시의 접속과 연결: 경주-시안-교토 인문기행 | 권응상 | 대구대 문화예술학부 교수 |

로젝트를 결합한 기획 프로그램이다.

대구경북학 강좌는 지역대학생들에게 지역문제해결을 위한 기획과 지역 사회에 대한 전반적 이해 교육의 필요성에 따라 지난 2019년부터 경북대와 계명대에 시작했다.

2022년 2학기 현재 대구경북 10개 대학에서 강좌를 진행해 4천500여명이 수강했다.

대구경북학 강좌는 대구경북학회와 대구경북연구원이 공동으로 교육을 추진했으며, 대구경북지역 각 분야 전문가들이 강좌를 통해 지역 대학생(청년)들의 정체성 제고와 지역사회 참여 의식을 높이고 지역에 관한 정보(일자리, 사회문화, 활동, 지원정책)를 공유하고 있다.

대구대 인문과학연구소는 한국연구재단에서 지원하는 'LMS-ACE 교육과정 개발 및 인문교육 시스템 구축: 철길로 이야기하는 동아시아 도시인문학'이라는 프로젝트를 진행하고 있다.

이번 시민강좌는 독창적인 도시성을 기반으로 동아시아에서 도시혁명을 진행 중인 도시에 대한 탐색을 통해 대구경북의 새로운 도시모델을 찾는 것이 목적이다. 또한, 동아시아 도시들의 다양한 경험과 문화적 독창성을 현장 탐방을 통해 살펴보는 기회도 함께 가질 계획이다.

이번 강좌는 시민과 지역학 전문가들이 캡스톤 디자인 방식으로 특강과 토론, 의제를 함께하는 각별한 과정으로 구성되었다. 강사진은 관련분야 지역학 전문가들을 중심으로 구성되었다. 특강 이후에는 동아시아 도시들을 직접 탐방하는 기획을 통해 동아시아 도시의 가능성을 직접 현장에서 확인할 예정이다.

강좌는 크게 세 영역, 10강으로 구성되었다.

우선 도시에 대한 새로운 관점을 제공할 5개 특강이다. 국가로부터 분리된 탈위계적인 도시가 주제이다.

다종적인 문화접촉과 장소로서의 도시를 현재적 관점에서 바라보는 강좌들이다. 도시의 장소성에 대한 새로운 관점, 탈국가적 도시혁명, 혁신도시와 대학, 하이브리드 도시 공간, 도시의 독특한 문화 접속 등이 주요 내용이다.

두번째 영역은 동아시아 도시들에 대한 구체적인 탐색이다.

동아시아의 도시 문화와 전통문화, 박물관과 문화콘텐츠, 개별 도시들의 공간 가치 등 내용은 다양하다.

베이징의 공간문화와 교토의 도시 정체성과 콘텐츠, 동아시아의 박물관, 사진으로 만나는 동남아시아의 민속, 그리고 스토리로 떠나는 동아시아 여행 등 동아시아 도시들에 대한 속깊은 읽기가 두번째 특강의 핵심 내용이다.

이번 강좌의 가장 매력적인 기획은 세번째다. 동아시아 도시 탐방이다.

전문가와 함께 동아시아 도시들을 내부를 탐방하는 특별한 시간을 가질 예정이다. 대한민국 경주, 일본 교토, 중국 시안이 예정지이다.

강좌는 대구생활문화센터에서 3월 9일부터 매주 저녁 6시 30분에 시작된다. 영남일보에서는 특강에 앞서 주요 내용을 지면에 담아 시민들과 공유한다. 탐방 이후 대구경북의 새로운 모색 과정에도 참여할 계획이다.

# 산업혁명 관점서 볼 수 없었던
# 도시 노동자 삶을 시민이 논의*

최병두
대구대학교 지리교육과 명예교수

----

• 사람 중심 미래사회 구현 위해 도시혁명 관점서도 방향 모색
• 인간 삶·도시·자연 변화 집중

---

* https://www.yeongnam.com/web/view.php?key=20230228010003766

인공지능(AI), 사물인터넷(IoT), 사이버물리시스템(CPS), 빅데이터, 메타버스, 플랫폼과 같은 단어들이 대중매체를 통해 쏟아지고 있다. 최근 대화형 로봇(챗GPT)이 호기심을 북돋웠던 것을 보면, 조만간 이러한 기술들이 생활 전반에 밀려올 것임을 직감한다.

그동안 코로나 팬데믹으로 위축되었던 사회활동이 다시 활발해지면서 당면한 경제침체에 대응할 대안이 필요하게 되었고, 인공지능기술 혁신이 그 대안이라는 점은 대체로 인정된다. 그러나 인공지능이 과연 경제와 일자리 창출에 도움이 될지는 의문스럽고, 인간의 삶의 질을 높여 줄지도 확신하기 어렵다.

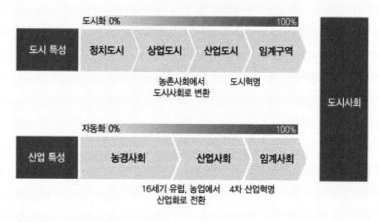

■ 산업화와 도시화의 역사적 과정: 4차 산업혁명 또는 도시혁명

〈자료: Lefebvre, 2003, 15 및 100에서 대폭 수정〉

출처: 영남일보

2016년 스위스 다보스포럼은 4차 산업혁명을 공식화하면서 일련의 기술발전을 통해 극도의 자동화와 연결성 강화가 이루어지고 이에 따라 '모든 것이 연결되고 자동화된 사회로의 진화'를 예견했다. 이러한 4차 산업혁명을 도시공간에서 구현하기 위한 '스마트도시' 계획이 촉진되고 있다. 스마트시티는 '도시에 ICT, 빅데이터 등 신기술을 접목하여 각종 도시문제를 해결하고, 삶의 질을 개선할 수 있는 도시모델'로 정의된다. 하지만 초자동화와 연결성의 인공지능기술이 지배하는 상황에서 '미래가치 지향의 사람 중심 도시'의 구현을 믿을 수 있을까?

미래 사회에 대한 진정한 믿음을 위해 산업혁명이 아니라 도시혁명의 관점이 요구된다. 도시혁명이란 프랑스 철학자, 도시학자인 르페브르가 제안한 것으로 '성장과 산업화에 대한 이슈가 지배적이었던 때부터 도시적 문제의식이 지배적이게 된 시기에 이르는 변화과정'을 의미한다. 도시혁명이란 기존 사회의 급격한 전복이 아니라 산업혁명처럼 우리의 삶과 사회공간 전반에 걸친 장기적 변화 과정을 뜻한다.

산업혁명 관점이 기술-에너지-산업의 고도화에 관심을 둔다면, 도시혁명 관점은 인간의 삶-도시-자연의 변화에 관심을 둔다. 삶의 터전으로서 도시는 역사적으로 기술혁신의 원동력이며 산업화의 묘판이었다. 도시혁명의 관점에서 보면 산업혁명의 관점에서는 볼 수 없었던 도시 노동자의 삶과 자연환경의 황폐화 과정이 눈에 들어온다. 4차 산업혁명에서 불명확한 부분은 산업구조 변화와 생산성 증대 여부가 아니라 도시인의 삶과 자연환경의 변화이다.

이러한 불확실성에 접근하기 위해 우리는 인공지능기술의 발전에 따라 작동할 사회공간적 모멘텀들이 도시사회의 발전에 미칠 영향을 이원적으로 살펴볼 수 있다. 우선 사회적 행위와 작동의 자동화 양식이 기능적 자율인가, 인간적 자율인가를 판단해야 한다. 또한 의사소통과 교류의 방식이 단순한 사이버 기능적 소통인가, 인간적 대면적 소통인가를 살펴보아야 한다. 생산성의 증대에 따른 경제적 부의 분배와 이용 방식이 대기업과 고기술노동자 중심의 사적 전유인가, 아니면 사회적 공유인가를 논의해 볼 필요가 있다.

이에 더하여 도시에서 삶의 양식과 도시인의 정체성이 인공지능기술에 획일적으로 예속될 것인가, 개인의 고유한 정체성을 함양할 것인가도 숙고해 볼 문제이다. 정보통신망의 초연결성에 따른 도시 내부 및 도시 간 체계가 위계적으로 연결될 것인가, 수평적 네트워크로 연결될 것인가도 고려해야 한다. 또한 도시의 자연환경 이용과 관계에서 고밀도 이용과 자연 지배로 나아갈지, 저밀도 이용과 공생적 관계로 나아갈지도 다시 검토해 보아야 할 과제다.

우리는 도시혁명을 통해 도시사회로 나아가는 갈림길에 서 있다. 어느 쪽을 택할 것인가는 우리가 도시를 어떻게 이해하고, 도시에 대해 권리를 어떻게 실천할 것인가에 달려 있다. 도시는 개발업자, 기업 또는 정부가 아니라 그곳에서 살아가는 사람들이 만드는 것이다. 따라서 도시인은 삶의 터전인 도시의 발전 방향에 대해 논의하고 이를 실천할 권리를 가진다. 도시사회에 자율, 소통, 공유, 차이, 연결,

생태 등의 가치를 실현해야 할 주체는 인공지능기술이 아니라 도시에서 살아가는 우리 자신이다.

# 지역학, 국가주의에 대항해야
# 동아시아 도시 연대 매개 필요*

김영철
계명대학교 금융경제학과 교수

- 21세기 새로운 형태 국가주의
- 동아시아 지역에서 특히 강화
- 일상적 만남 막는 장벽에 저항

---

* https://www.yeongnam.com/web/view.php?key=20230228010003765

도시혁명은 탈국가주의를 지향한다. 20세기 한국 사회에서 가장 중요한 이데올로기는 국가주의였다. 한국 사회의 국가주의는 파시즘의 광기를 머금었다. 도시혁명은 20세기 한국 사회의 국가주의를 가로질러 뛰어넘는 탈주선이다.

20세기 한국 사회가 경험한 국가주의는 도시적 직조와 '도시적인 것'을 파시즘적 폭력을 통해 억압한 예외적인 상황의 결과물이다. 20세기에 달성한 한국 사회의 높은 경제적 성취는 '도시적인 것'의 유동성을 단단하게 응고시켜서 획득한 편집병적인 성과이다. 한국 사회에서 도시에서의 만남과 마주침을 가로막고 있는 다양한 분리와 장벽은 국가주의에서 비롯되는 것이다. 한국 사회에서 '도시적인 것'은 국가주의 목표를 달성하기 위한 한 허용되었고 서울이야말로 국가주의가 남겨놓은 '증상(symptom)'적 잔여물이라고 할 수 있다.

국가주의에 대항하는 지역학은 국가주의는 물론이고 그 증상으로서의 서울을 통해 억압된 '도시적인 것'을 복원시키는 것을 목적으로 삼아야 한다. 이를 위해서 한국 사회의 도시에서 만남과 마주침을 통해 생성되는 일상을 복원시켜야 한다. 도시혁명은 일상의 만남과 마주침을 가로막는 분리와 장벽에 저항하는 새로운 주체를 형성하는 과정을 통해 비로소 가능해진다. 지역학은 탈국가주의의 임계지점(critical zone)을 가로질러 관통하는 욕망의 흐름을 생성하는 주체의 행위이다.

지역학 연구는 향후 도래할 미래를 위한 학문의 성격이 강하다. 20세기의 유산인 강고한 국가주의를 뛰어넘어 21세기 도시혁명을 완수하기 위한 목적에 지역학이 기여해야 한다. 모든 혁명은 도래할 미래를 나름의 방식으로 설계한다. 지역학이 설계하는 도시의 미래는 활발한 만남과 마주침을 통해 순환적 생명의 리듬이 회복된 장소이다.

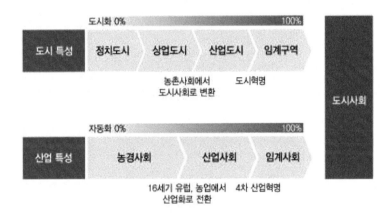

■ 산업화와 도시화의 역사적 과정: 4차 산업혁명 또는 도시혁명

〈자료:Lefebvre, 2003, 15 및 100에서 대폭 수정〉

지역학이 퇴행적 부족주의의 강화와 공동체의 집단적 기억에 대한 회고를 통해 복고주의 방식으로 진행되어서는 안 된다. 무엇보다도 20세기의 국가주의에 봉사하고 그것을 정당화하기 위해 지역학이 동원되거나 활용되는 상황을 거부해야 한다. 지역학이 국가주의에 대항하고 21세기의 도시혁명을 통해 도래할 미래를 설계하고 전망하는 역할을 담당해야 한다.

20세기 동아시아의 역사는 유럽 제국주의의 동아시아 침략과 제2차 세계대전 이후의 전 지구적 냉전의 스케줄과 일치한다. 20세기 방식의 제국주의와 냉전은 후퇴하고 있지만 21세기 들어 새로운 형태의 국가주의가 동아시아 지역에서 강화되고 있다. 20세기 방식의 허구적 이념이 동아시아에 기형적으로 강화되는 현실을 지역학은 비판적인 입장에서 주목해야 한다.

지역학이 추구하는 리좀적 체계는 열린 체계이자 가변적인 체계이다. 리좀적 체계에서는 작고 부분적인 연결이 이전과는 전혀 다른 새로운 진화의 방향으로 변화하도록 관계된 모든 주체들을 유도해낼 수 있다. 동아시아 도시 연대의 매개로 지역학을 활용할 필요가 있다. 21세기의 동아시아에서 나타나고 있는 반역사적인 국가주의의 부활에 대하여 동아시아 도시 연대를 구상하는 역할을 지역학이 시대적 과제로 떠맡아야 한다.

지역학 연구의 미래는 학제 간 연구의 가능성에 달려 있다. 국가의 리듬과 도시의 리듬은 다르다. 국가의 리듬에 맞추어 생산된 학문적 구획을 그대로 차용하여 도시의 리듬을 연구하는데 적용하는 것은 성립 불가능한 일이다. 지역학 연구는 기존의 학문체계가 세워놓은 분리와 장벽을 과감하게 뚫고 가로지를 때 새로운 방법론으로 주체적 성격을 내세울 수 있다.

해러웨이가 선언하고 있는 것들이, 즉 사람이 기계와 교섭하고 반려종과 신체를 섞는 일이, 지역학 연구의 차원에서 일어날 수 없을까. 도시적 직조의 본질인 만남과 마주침을 기존의 학문 경계를 넘어서

학제 간 방식의 연구를 통해 실현하는 일은 지역학이 향후 풀어나가
야 할 중요한 숙제의 하나이다.

# 대구! 새로운 하이브리드 도시 공간을 열다*

도현학

영남대학교 건축학부 교수

- 읍성 철폐·대구역 건설 이후 전통도시 위에 근대도시 성장
- 차별화된 이중결합 구조 형성
- 기존 공간에 새 장소 만들어야

---

* https://www.yeongnam.com/web/view.php?key=20230313010001611

도시는 일찍이 혁명의 시대를 거치면서 과거를 부정하고 새로움을 지향했던 국가 주도의 개혁 시대를 거쳐 여전히 미래를 좇아 달려가기를 강요받고 있다. 도시발전의 허상을 좇아 개발의 칼날을 주저하지 않았기에 도시민 개인의 기억은 도시에서 사라지고 있다. 도시의 장소성은 개인이 장소에서 가지는 경험과 기억을 통하여 형성된다. 도시 삶의 기억이 저장된 공간에서 시간성과 함께 장소성으로 되살아난다.

도시 정체성을 찾고자 하는 노력은 오래전부터 도시별로 경주하고 있으며, 도시 이미지로서 단일한 이미지로 표현하기보다 도시의 다양성을 표출하기 위한 하이브리드한 정책들이 펼쳐지고 있다. 하이브리드 도시를 지향함에 있어 선제적 조건이 도시가 지녀온 시간과 공간의 다양한 장소성이 전제되어야 한다. 전통의 역사성 위에 근대, 산업사회를 거쳐 현대도시를 사는 우리의 도시, 대구는 얼마나 다양한 장소를 품고 있는가?

대구의 도시형성과정을 살펴보면, 1907년 대구 군수 박중양에 의해 강제철거되기까지 전통도시로서의 대구는 경상도 중앙의 지리적·전략적 요충지인 경상감영 주둔지로서 정치·행정의 도시, 관리와 상인 중심도시였으며 대구읍성을 중심으로 감영의 관리들과 서문시장 및 약령시 등의 상인도시로서 읍성을 중심으로 서문으로는 성주, 고령, 현풍을 동문으로는 영천, 팔공산 그리고 남문으로는 경산, 각북을 연결하는 교통과 교류의 거점 역할을 담당했던 도시이다.

근대도시로서의 대구는 1894년의 동학운동과 청일전쟁이 몰고 온 일본군의 달성토성 주둔과 함께 1904년 한일의정서에 따른 이사청이 설립되고, 경부선 철도 건설이 시작되면서 건설관계자 및 농민의 도시 유입으로 급격한 도시화가 시작되었다. 1907년 대구읍성 철거를 기폭제로 일본인에 의해 대구역과 북성로에 신흥상권이 형성되었으며, 서문시장과 읍성 남측에 조선인이 상권을 이루면서 인구가 폭발적으로 늘어나게 된다. 1899년 4만4천801명에서 1912년 13만9천615명으로 급속도로 증가하게 된다.

읍성 철폐와 대구역 건설은 전통도시에서 근대도시로의 대전환의 기폭제가 되었으며, 도시화에 따른 인구증가는 새로운 지도층을 형성하게 된다. 새로운 문물과 신문화가 받아들여지면서 근대도시로서 교역과 변화, 혁신의 도시로 탈바꿈하게 된다. 새로운 지도층으로서 외부에서 유입된 서상돈(경북 김천), 김광제(충남 보령), 친일파 박중양(경기 양주) 등의 정치지도층만이 아닌 종교, 예술, 문화인의 외부유입은 문화적 역량의 척도가 된다. 근대도시 대구는 타 지역 사람의 이주를 수용함으로써 타협과 변화를 통해 물류와 교류의 거점으로서 영남 최대의 내륙도시로 발전하게 된다.

대구는 읍성이 철폐되고 인접하여 대구역이 건설되면서 경상감영을 중심으로 근대도시계획이 도심에 실현되면서 기존의 전통도시구조 위에 근대도시가 계획되는 특징을 가진다. 신작로인 십자대로가 개설되면서 1909년 경상감영에 이사청, 대구경찰서, 대구공소원, 대구우편국, 은행 등의 주요 시설이 도심에 건설됨으로써 다른 도시들과는 차별화된 이종결합의 특이한 도시구조가 형성된다. 1900년 이전의 관리·교역중심도시 위에 근대철도와 근대도시가로가 형성되었으며, 이후 전쟁기에도 유일하게 도시 원형을 보존하였고, 1980년대까지 근대산업을 이끈 산업도시로 성장하였다.

　새로운 도시 패러다임을 요구하는 현재에 있어 대구는 역사성과 시간성의 축적에 따른 다양한 도시공간의 장소성을 지닌 하이브리드한 도시 인프라를 갖춘 유일한 도시라 할 수 있다. 대구는 전통과 근대의 이종교합과 함께 근대도시 형성과정에서 하이브리드로 태동된 도시였으며, 산업도시로의 성장과 현대에 이르기까지 지속적인 이종교합과 함께 새로운 도시장소성을 만들어왔던 도시이다. 미래의 대구 도시는 어디로 갈 것인가? 새로운 도시혁명을 이룰 수 있는 대구의 정체성에 대한 재인식이 필요한 때이다. 도시혁명은 기억을 없애고 새롭게 만들어지는 것이 아니라 기억과 존재의 바탕 위에 이종교배에 따른 새로운 장소를 만들어가는 것이다. 그러기에 사라져가는 대구 도심의 폐허는 미래의 대구 도시를 만들기 위한 자양분이라 할 수 있다.

# 도시와 대학 - 외국사례를 중심으로*

박종문
영남일보 편집국 부국장

- 獨, 첨단연구 · 융합교육 강화
- 이스라엘은 고등교육위 주목
- 독립기관 운영 정책 안정성↑
- 日 교토대 자유학풍 전통 눈길

---

* https://www.yeongnam.com/web/view.php?key=20230312010001572

현재 4차 산업혁명을 주도하고 있는 미국, 독일, 이스라엘, 일본 등 4개 국가들은 대학을 혁신체계의 중심에 두고 있다. 사람의 뇌와 같은 기능을 하는 로봇 뇌(뉴로 컴퓨터), 암 정복, 치매극복, 장애극복, 인간 생명연장, 바이오(생체) 장기 복제, 개인 맞춤형 의약 개발, 컴퓨터 과학과 인공지능(AI), 데이터 사이언스, 양자 컴퓨터, 신재생 에너지 연구, 디지털 인문학 연구 등을 대학을 중심으로 진행하면서 대규모 재정을 투입하고 있다. 또 한편으로는 대학을 중요한 지역혁신기관으로 인식하고 있다. 전 세계가 네트워크로 연결되면서 도시 간의 관계가 밀접해져 시민들에게 예전과는 다른 국제화와 사회화 교육을 지역대학이 맡도록 한 것이다.

미국대학이 세계 일류의 경쟁력을 가지게 된 것은 불과 50년 남짓하다. 100년 전만 해도 미국대학 졸업장으로는 유럽의 대학원에 입학할 수 없을 정도였다. 그런 미국이 1·2차 세계대전과 냉전체제에서 최후의 승자가 될 수 있었던 것은 대학을 중심으로 한 실용적인 과학 연구의 승리이기도 하다. 공과대학 가운데 세계 1위인 MIT, 미국 내 랭킹 5위 안에 드는 예일대와 컬럼비아대의 경쟁력 원천은 인문, 사회, 예술 등 기본에 충실한 교육이다. 컬럼비아대는 지역사회 공헌을 위해 학교 인근 뉴욕 할렘가에 21세기형 새로운 프로젝트를 진행하고 있다. 불과 개교 20여 년 만에 미국 내에서 가장 혁신적인 공과대학으로 평가받고 있는 매사추세츠주 올린공대는 미래대학이 나아갈 방향을 제시한다.

대학교육 시스템에 대한 독일의 자부심은 30여 년 전 처참하게 무너졌다. 전통과 역사를 자랑하는 독일의 유수 대학들이 미국은 물론 영국, 아시아권 대학에 추격을 허용해 경쟁력을 상실한 것으로 나타났기 때문이다. 이에 연방정부와 지방정부는 독일 대학 부흥을 위해 고등교육재정을 획기적으로 늘리고 20년이 넘는 장기 프로젝트에 착수해 오늘날에 이르고 있다. 독일은 10여 개 엘리트대학을 통해 미국을 제치고 4차 산업을 선도한다는 야심 찬 구상을 실행에 옮기고 있다. 최고의 역사를 가진 하이델베르크대, 독일 공대 중 정상급인 뮌헨공대, 전통을 자랑하는 튀빙겐대 등은 4차 산업혁명에 필요한 첨단연구와 융합교육을 강화하고 있다. 지방정부는 지역 기업에 필요한 연구를 수행하고 고급 인력을 공급하기 위해 지역대학에 대한 지원을 아끼지 않고 있다. 특히 대구경북과 비슷한 정서를 가진 바이에른주가 고등교육에 대한 투자를 늘리며 교육도시로 거듭나고 있는 것은 인상적이다.

이스라엘은 세계 제1의 창업국가로 불린다. 대학과 연구소를 중심으로 창업교육과 시스템이 잘 갖추어져 있으며, 국가차원에서 전국민 창업지원 체계를 구축했다. 명문 히브리대, 최고의 공대인 테크니온공대, 국제화된 텔아비브대 등의 창업시스템과 4차 산업 첨단연구는 세계 정상급을 자랑한다. 첨단연구를 창업으로 연결해 세계적 플랫폼기업에 매각하는 시스템은 이스라엘이 앞으로도 자주권이 강한 나라로 발전하는 원동력이 될 것으로 보인다.

특히 이스라엘은 고등교육 정책을 혼란한 정치로부터 분리해 안정적 정책 유지가 가능하도록 고등교육위원회를 두고 있는 것이 매우 인상적이다. 고등교육위원회는 위원 3분의 2 이상이 대학교수 출신이고, 이들은 정부와 정치권으로부터 독립해 고등교육(대학)정책을 책임지고 있다. 고등교육정책이 안정적으로 운영되도록 6년 단위로 예산을 편성하는 것은 우리에게 시사하는 바가 크다. 세계 3대 기초과학연구소의 하나인 이스라엘 와이즈만연구소는 첨단과학 연구를 선도할 수 있도록 완벽한 연구·교육시스템을 갖추고 있다.

일본은 우리나라보다 10년 정도 앞서서 사회현상을 경험한다는 측면에서 현재 일본대학의 움직임은 중요하다. 도쿄대와 쌍벽을 이루는 교토대의 자유학풍 전통과 문·이과 균형 교육 및 융합연구는 우리나라 대학에 던지는 메시지가 가볍지 않다. 또 사립명문인 리츠메이칸대의 국제화 전략 및 지역사회와의 협력 강화 현장은 우리나라 대학이 나아갈 미래이기도 하다. 일본은 4차 산업혁명을 맞아 대학이 지역의 평생교육 및 재교육을 담당하는 플랫폼 역할을 하도록 대학 장기발전 계획을 수립했다.

# 미학적 기준까지 자본 구조화…
# 다양한 정체성 기반 연대 필요*

박승희
영남대학교 국어국문학과 교수

---

- 도시 = 상상 둘러싼 정치 결정체
- 이데올로기 · 자본 · 욕망 등 응축
- 산업혁명이 초래한 비극 여전
- 르페브르 "방안은 도시혁명뿐"

---

* https://www.yeongnam.com/web/view.php?key=20230326010003338

직장과 술집, 카페와 마켓, 공공기관과 문화센터, 학교 등 일상의 곳곳에서 우리는 도시와 연결된다. 도시를 에워싼 모든 물질과 움직임이 내 삶의 근거가 되거나 삶을 구성한다. 더욱이 '행성적 도시화(planetary urbanization)'로 명명되는 지구적 규모의 도시화가 진행되면서 도시의 삶은 모두의 삶이 되고 있다. 이데올로기와 정치, 문화와 자본, 욕망이 응축된 도시는 모두 것들이 교차하고 해후한 결과들이다. 특히 도시는 정치적 상상과 이를 둘러싼 현실정치의 결정체라 할 수 있다.

보들레르, 짐멜, 벤야민 같은 근대 초기 메트로폴리스(metropolis)를 경험한 유럽의 지식인들이 근대도시의 일상을 자본주의적 근대성이란 알레고리로 풀이한 것도 도시에 대한 정치적 상상력이다. 하이데거가 '숲길(Holzwege)'에서 말한 '존재에서 분리된 존재자들의 경악'이란 깊은 통찰은 그 결과이기도 하다. 지리학자이자 사회이론가인 데이비드 하비는 도시와 인간의 삶에 대해 질문한다. '우리가 어떤 도시를 원하는가 하는 문제는 우리가 어떤 사람이 되려고 하는가, 사회와 어떤 관계를 맺으려고 하는가와 관련된다.' 질문은 삶의 형태와 공동체, 존재론적 가치와 미적 기준의 실체로서 도시를 의미한다. 그래서 '지금 내가 살고 있는 도시는 어떤 곳인가'란 질문은 지금 여기서 우리가 해야 할 질문 중 하나이다.

보들레르는 최초로 근대도시 파리를 서정시의 주제로 삼았다. 우울과 알레고리의 시인 보들레르에게 파리는 상품과 자본으로 응축된 우울과 이상이 뒤섞인 이중 도시였다. 도시의 이면은 상품과 화려한 아케이드의 환영(幻影)으로 대체되며 죽음과 뒤섞인 파리의 환상은 그렇게 탄생하였다. 발터 벤야민은 '파리의 원풍경'에서 상품과 패션과 근대자본, 즉 금융에 가려진 매춘과 가난을 도시의 저승적 요소라 표현한다. '고리오 영감'에서 발자크는 '지옥과 매춘의 도시'라고 파리를 직격했으며, 에밀 졸라는 소설 '목로주점'에서 '알코올과 반윤리와 비극의 결정체'로 파리를 묘사했다.

한편 1852년 오스망은 파리 대개조를 통해 근대도시의 모형을 제시했다. 직선으로 뻗은 대도(大道), 상품으로 가득한 아케이드, 하수도와 관청과 금융건물을 중심으로 근대도시 파리를 구현했다. 그러나 이스트 엔드와 같은 노동자들의 주거 공간은 도시 건설을 이유로 정부에 수용되거나 파괴되었다. 벤야민이 '아케이드 프로젝트'에서 '이제 도시는 집 대신에 도로가 중심이 된, 판매자이자 상품인 매춘부의 모습'이 되었다고 일갈한 것도 도시 개조와 관련된다. 보들레르의 감각적 알레고리, '악의 꽃'도 그렇게 탄생하였다.

산업혁명 이후 도시의 비극은 여전히 진행형이다. 기술·경제, 자본·상품의 단단한 결합 심지어 감정과 미학적 기준조차 자본으로 구조화되는 도시는 미래가 없다. 어쩌면 도시의 지속가능성은 도시학자 르페브르의 말처럼 '도시혁명'뿐일지 모른다. 그는 산업혁명이 초래한 노동과 삶의 해체에 대한 '절규이자 요구'로서 도시에 대한 권리를 주장한다. 그리고 도시이론가 메리필드는 기존의 도시관념에서 벗어나 '뭔가 새로운 것, 뭔가 미래적이고, 생성 과정 중에 있는 도시를 포용'하는 도시혁명을 제안하며, 르페브르의 도시혁명을 새롭게 해석

한다. 구체적으로 무력하고 추상적인 개념으로 전락한 시민권 대신 무한히 다양한 정체성을 기반으로 하는 일상생활 속 연합적 연대와 감정의 연대 구조와 같은 새로운 주체성을 강조한다. 특정한 내용이나 형태도 없이 도시에 내재하는 실천적 역동성을 도시혁명의 동력으로 보고, 도시 내부에서의 만남과 마주침을 주창한다. 그는 "도시가 보내는 표시는 모임의 신호"이며 "순수한 형태로서의 도시는 마주침, 모임, 동시성의 장소"라는 르페브르의 말을 인용하면서, 도시를 만남과 마주침의 장소로 규정한다.

# 제1장

## 동아시아 도시의 접속과 연결
### - 서라벌, 장안, 헤이안쿄의 도시 역사를 중심으로 -

권응상*

## 1. 머리말 – 동아시아를 주목하며

동아시아는 아시아 대륙의 동쪽 지역을 말한다. 이 지역에는 우리나라와 북한을 비롯하여, 중국, 일본, 몽골, 대만 등이 속해 있다. 이 가운데 특히 우리나라, 중국, 일본 세 나라는 근대 이전부터 동방(東方), 동양(東洋), 동아(東亞) 등의 용어로 함께 운위되어 왔으며, 서양에서도 'East Asia'라는 포괄적 용어를 사용하고 있다.[1]

---

* 대구대학교 문화예술학부 교수

[1) 동아시아라는 명칭 대신 동북아시아(동북아)라는 표현도 있다. 이는 동남아시아를 의식한 명칭이라 할 수 있다. 한편 동아시아 국가에 포함되지 않는 러시아 극동지역을 'North East Asia'라 부르므로 '동북아시아'는 러시아 극동을 뜻하는 용어로 사용되기도 한다. 러시아 극동보다 남쪽에 있는 한, 중, 일 삼국이나 몽골 등을 '동북아시아'라 지칭하는 것도 어색하다. 이런 이유로 근자에는 동아시아라는 표기가 굳어지고 있다.

동아시아는 북아메리카, 서유럽과 함께 세계 경제와 산업의 중심지이다. 21세기 이후 경제, 군사적으로 세계에서 손꼽히는 나라들이 위치해 있는 지역이기도 하다. 세계 경제력 2위, 3위의 강대국인 중국과 일본, 10위권 경제력의 우리나라가 있는 지역인 것이다.[2] 우선 대한민국은 상대적으로 작은 영토와 그에 비해 많은 인구, 식민지배, 전쟁이라는 악조건을 안고 출발했지만, 눈부신 성장을 거듭하여 2000년대 들어 확실한 선진국이 되었다.[3]

중국도 19세기 초만 해도 세계 강대국 중 하나로 대접을 받았지만, 아편전쟁 이후 위상이 급격히 추락하였다. 20세기 초 공화정을 수립했지만 군벌의 난립 속에서 중일전쟁과 내전을 겪었다. 제2차 세계대전 후 유엔의 유일한 아시아 UN 상임이사국 국가가 되어 정치, 외교적 위상은 상당 부분 회복하지만, 대약진운동, 문화대혁명 등의 실패를 겪으며 경제 성장이 침체하게 된다. 1980년대 사회주의 경제에 시장경제를 접목한 이른바 개방개혁 정책을 펴며 경제 성장을 시작했고, 2000년대 말 세계금융위기 속에서도 꾸준히 성장하며 2010년에는 세계 2위의 경제대국이 되었다. 지금은 미국에 맞서는 유일한 국가로 G2가 되었다. 그러나 미국의 견제와 출산율 저하 등으로 새로

---

2) 이 외에도 20위권의 경제력을 갖춘 중견국 대만, 세계적인 주목을 받는 군국주의 국가이자 핵보유국인 북한이 위치한 지역이다. 유라시아에 걸쳐 있는 거대국가 러시아도 극동지역(연해주)은 지리적으로 동북아시아에 위치해 있어 동아시아 국가로 분류되기도 한다.

3) 2022년 10월 기준 1인당 명목 GDP는 코로나 여파를 겪었는데도 $33,590에 달한다.

운 위기를 맞고 있다.

일본은 미국과 벌인 태평양 전쟁에서 패배해 전 국토와 국가산업 기반시설이 초토화되었지만, 아시아에서 가장 먼저 근대화를 이루었다. 특히 6.25전쟁으로 미국의 병참기지 역할을 하면서 경제 지원을 받은 덕분에 매우 빠르게 경제 대국으로 진입하게 되었다. 그 절정기였던 1980년대에는 미국을 추월할 수도 있을 것이라는 기대도 받았지만, 플라자 합의와 뒤이은 거품경제 붕괴 이후 1990년대부터는 성장 속도가 느려져 21세기에 들어서는 결국 중국에게 2위 자리를 내주고 3위로 밀려나게 된다.

이처럼 한, 중, 일을 중심으로 하는 동아시아 국가는 산업화의 후발 주자였지만 급속도로 경제 성장을 이뤘다는 공통점을 갖는다. 동아시아 국가의 초고속 성장 이유에 대해서는 여러 가설이 있지만, 기본적으로 유교 문화로 묶여있었다는 것, 상호 경쟁이 치열하고 교육열이 높은 점, 유교문화권 하의 국가주의적 성격, 통제 중심적 성향 등이 효율성을 극대화시켰다고 본다.

어쨌든 동아시아는 이제 아메리카와 유럽에 대적하는 세계의 중심 지역으로 떠올랐다. 중국은 미국의 패권에 도전하여 신냉전 시대를 본격화했으며, 일본은 자위대 재무장으로 대표되는 보통 국가화 움직임으로 과거의 기세를 회복하기 시작했다. 우리나라는 눈부신 경제 성장과 'k'로 대표되는 문화 역량을 통해 전 세계에서 가장 주목받는 국가로 부상했다.

그러나 그에 못지않은 그늘도 있다. 세계적으로 초고령화 및 저출산 문제가 가장 두드러지는 지역이기도 하다. 일본은 세계 최초로 초고령사회로 진입했으며, 대한민국은 세계 최하위의 출산율을 기록하고 있다. 대만과 홍콩 역시 만성적인 저출산에 시달리고 있으며, 중국도 산아제한정책을 폐지했지만 인구가 계속 감소하여 세계 1위 인구 대국의 자리를 인도에게 내주었다.

이러한 인구 감소의 그늘은 급격한 중앙 집중화로 이어져 이제 동아시아 국가의 새로운 위기 국면을 만들고 있다. 나라마다 각종 지역 균형발전이나 분권 정책을 시행했지만 중앙 집중화의 속도는 점점 더 빨라지고 있다. 국가 중심의 모든 정책이 성공하지 못한 탓이다. 이제 위기에 몰린 '지방'은 탈국가주의(脫國家主義)를 내걸고 사활을 건 지역 재건에 나서야 할 때이다. 탈국가주의의 사전적 의미는 '한 국가 안에서 일어나는 정치, 경제, 사회, 문화 따위의 현상을 국가의 경계를 넘어 세계적인 조류(潮流) 속에서 이해하려는 견해나 사상'(네이버 국어사전)이라고 정의된다. 이런 관점에서 우선 역사와 문화를 교류하고 공유해온 동아시아 국가의 '지역'에 눈을 돌리고자 한다. 앞서 언급했듯이 동아시아 국가들은 공동의 역사와 문화를 공유하며 번영을 이루었던 경험이 있다. 국가의 틀을 벗어나 도시간, 지역간 상호 접속하고 연대하여 이 위기에 맞서자는 것이다.

그것은 공유의 역사와 문화에서 지금의 역동적인 동아시아를 만들었듯이 위기의 국면에서 다시 그 공유의 역사와 문화를 되새기고 연결하여 블랙홀 같은 중앙에 맞서는 지역의 새로운 도시 비전을 만들자고 제안한다. 우선 그 첫 번째 시도로서 '공유'의 역사와 문화가 풍성한 우리나라의 경주, 중국의 시안, 일본의 교토에 주목하였다.

이 세 도시는 공교롭게도 모두 세계적으로 5곳에 불과한 1000년 수도들이다. 이탈리아의 수도 로마와 튀르키예의 이스탄불(콘스탄티노플)이 이 세 도시와 이름을 나란히 하고 있다. 경주는 기원전 57년 박혁거세를 시조로 935년 경순왕까지 992년간 이어진 신라의 수도였다. 시안은 서주(西周) 시기 기원전 1122년부터 기원후 907년까지 2,140년간 13개 왕조의 수도였다. 교토 역시 794년부터 1869년까지 일본 수도 역할을 했다.

이처럼 천년 수도 세 곳이 동아시아에 있다는 사실은 동아시아 지역이 오래전부터 세계의 중심 역할을 했다는 증거이기도 하다. 더구나 세 도시가 포진한 한, 중, 일 세 나라는 여러 방면에서 교류하고 상호작용하며 공동의 역사와 문화를 갖고 있기도 하다. 옛 도시 가운데 흔치 않은 계획도시란 점도 비슷한 부분이다. 경주는 신라 시대 당시 도시 전체를 바둑판 모양으로 정리해 조성했고, 시안은 당나라 시기 세계 여러 도시의 모델이 되는 국제도시 장안성을 건설했으며, 교토는 중국의 장안성을 모방해 만들어졌다.

그러다 보니 도시 전체가 유적지라는 말이 손색이 없을 정도로 역사와 전통을 고스란히 간직하고 있다는 점도 닮았다. 옛 숨결이 그대로 느껴지는 세 도시는 세계문화유산에 등재되기도 했다. 그러나 세 도시의 겉모습이 이처럼 닮았지만 그 속을 들춰보면 또 나름의 개성과 특징이 있다.

무엇보다 현재 이 세 도시는 중앙을 벗어난 '지방', 즉 수도가 아니

포석정

라 '지방 도시'라는 공통점이 있다. 블랙홀 같은 중앙의 흡인력에 맞서며 지역만의 특성과 문화로써 활로를 모색하고 있다는 점도 공통점이다. 이 글은 동아시아 한, 중, 일 세 나라의 세 지방 도시를 대상으로 그 역사와 상호 교류, 이를 통한 문화적 공통점을 공유하고, 도시와 도시를 상호 접속하고 연결함으로써 중앙에 대항하는 동아시아 지방 도시의 새로운 지향점을 모색하는 시론이다.

## 2. 서라벌(徐羅伐)의 도시 역사

신라의 천년 수도는 서라벌이었다. 지금은 그 이름이 경주이다. 경주는 경상북도 동남부에 위치하며, 동북쪽으로는 포항시, 남쪽으로는 울산광역시 북구, 북쪽으로는 영천시, 서북쪽으로는 청도군과 각각 경계를 이루고 있다. 경주시 인구는 약 250,000명(2022년)이다. 경주시의 면적은 1,324.41㎢인데, 이 가운데 전체 면적의 2.6%인 34.66㎢가 문화재보호구역으로 지정되어 있으며, 사적보존지구는 전체 면적의 약 0.9%인 12.25㎢에 달한다.

삼한시대에는 진한의 12국 가운데 사로국(斯盧國)이 있었던 지역이다. 『삼국사기』에 의하면 B.C. 57년 박혁거세(朴赫居世)가 이곳을 중심으로 서라벌(徐羅伐)을 세웠다고 한다. 이 나라가 503년(지증왕 4)부터 신라로 개칭, 발전하였는데, 건국 이후 992년간 신라의 왕도 역할을 하였다.

고려가 신라를 합병한 935년(태조 18), 처음으로 경주라 불렀으며, 940년(태조 23) 영남지방의 행정관청인 안동대도호부(安東大都護府)가 설치되었다. 987년(성종 6) 동경(東京)으로 이름을 바꾸고, 유수사(留守使)를 두었다가 1012년(현종 3)에 다시 경주가 되었다. 한동안 경주부에 설치되었던 경상좌도(慶尙左道)의 감영(監營)이 1601년(선조 34)에 대구로 이동된 후 경주의 지위는 약화되었다.

경주는 신라의 처음과 끝을 함께한 도시다. 고구려와 백제가 계속 수도를 옮겼음을 생각하면 이례적이다. 신라 시대에 경주는 '서라벌'이라 불렸다. 신라 전성기 때 서라벌의 가구 수는 17만 8936호[4]로,

---

4) 『삼국유사』 : "신라 전성기 서라벌에는 178,936호가 있었다.(新羅全盛之時, 京中十七萬, 八千九百三十六戶.)"

최대한으로 추산해보면 대략 90만 정도로 추정할 수 있다. 비슷한 시기 세계 최대의 도시로 알려진 장안과 바그다드의 인구가 100만 정도였다는 것을 감안하면 그대로 믿기는 쉽지 않은 숫자라고 할 것이다.[5] 어쨌든 수십만 이상의 인구 규모는 그 당시로서 매우 큰 도시였다는 사실을 증명하기에는 부족함이 없다 할 것이다.

## 3. 장안(長安)의 도시 역사

장안은 중국의 천년 수도로서 최고의 역사 도시이다. 지금 이름은 시안(西安)이다. 시안은 중국 산시성(陝西省)의 성도로서, 현재 중국 북서부 개발의 중점 도시이다. 옛 이름인 장안(長安)으로 더욱 유명하며, 인구는 약 1,300만 명(2022년)으로, 최근 급격한 개발로 인구가 매우 빠르게 늘어나고 있는 도시이다.

시안의 도시로서의 역사는 주(周) 왕조의 도읍이었다는 풍읍(豐

---

5) 오늘날의 수도권처럼 도시를 넘어선 근교까지 포함한 것이라는 설, 골품제의 신분 유지를 이유로 호적만 경주에 두고 지방으로 이주한 인구까지 포함한 수치라는 설, 호가 아닌 구(口)의 잘못된 표기로 보고 35만여 명 정도로 파악해야 한다는 설, 당대 농업 개간 능력을 고평가했다는 관점에서 수도 경주의 면적을 다르게 계산해서 나온 수치라는 설 등이 있다. 그리고 통일신라가 경주 일대를 중심으로 비약적인 발전을 이루었던 것을 감안하면 90만 인구는 경주와 경주 일대의 인구를 포함한 것이라는 설도 있다. 『삼국유사』에 함께 기록된 고구려 전성기 인구 105만과 백제 전성기 인구 76만도 실제로는 대성산성과 평양성 지역의 인구, 그리고 한성(하북위례성과 하남위례성) 일대의 인구만을 파악한 규모라는 것이 정설이다. 일본 헤이안 시대 수도 헤이안쿄(지금의 교토)에는 20만 명의 인구가 살았다고 추정하는데, 당시 교토와 경주의 면적이 비슷했다.

당나라 장안성의 종교적 포용성을 보여주는 이슬람 사원 '청진사'

邑)에서 시작된다. 풍경(豊京)이라고도 불린 풍읍은 문왕(文王) 때까지 종실인 주공(周公)의 도읍이었다. 주나라 무왕(武王)이 은(殷) 왕조를 멸망시킨 후, 풍수(灃水)를 사이에 두고 풍읍 맞은편의 호(鎬) 땅으로 천도했다. 주의 수도 호경(鎬京)은 지금의 시안 서남쪽 근교에 해당하는 곳이다. 이후 이 지역은 춘추전국(春秋戰國) 시대 진(秦)의 영토가 되었다. 당시의 모습은 전한(前漢) 무제(武帝) 때 시행했던 여러 토목공사로 인해 사라진 것으로 보인다.

진나라 때는 서쪽 근교인 함양(咸陽)에 새로운 도성을 건설했으나 역시 전란으로 파괴되었다. 한(漢) 왕조를 세운 유방(劉邦)은 파괴된 함양의 교외에 새로운 도성을 건설하고 장안(長安)으로 명명했으며, 혜제(惠帝) 때는 성벽이 조성되었다. 장안성에는 9시, 12문이 설치되

시안 시내의 명나라 성곽과 해자

었고, 성내에는 미앙궁(未央宮), 장락궁(長樂宮), 명광궁(明光宮), 북궁(北宮), 계궁(桂宮) 등의 궁전이 있었다고 전해진다. 이처럼 현재의 시안시는 한나라가 장안을 수도로 삼으며 발전이 시작되었다.

하지만 이 일대는 오래전부터 중국의 중심이었다. 앞서 언급했듯이 서주의 수도인 호경(鎬京)은 현재 시안의 남서쪽 하오현[鎬縣]이며, 진나라의 수도인 함양(咸陽) 역시 시안 권역에 위치한 도시였다.[6] 이러한 도시 형성의 역사로써 기산하면 대략 기원전 1122년부터 그 역사가 시작되었다고 할 수 있다. 그리고 당(唐)나라가 멸망한 907년

6) 현재 시안의 공항 이름이 이곳 명칭을 함께 따서 '시안셴양[西安咸陽] 국제공항'이다.

시안 화청궁의 여산을 배경으로 펼쳐지는 실경공연 '장한가'

까지 약 2,140년간 13개 왕조[7]의 도읍지로 번영한 도시였다.

그래서 "중국의 100년을 보려거든 상하이로, 중국의 1000년을 보려거든 베이징으로, 중국의 3000년을 보려거든 시안으로 가라"는 말이 있다.

시안은 서한(西漢) 때부터 세계 각국과 경제·문화 교류, 친선 왕래가 이뤄지던 주요 공간이었다. 중국의 고대 실크로드는 시안에서 출발해 고대 로마까지 동서양을 가로지르는 길이었다. 시안은 로마, 아테네, 카이로와 어깨를 나란히 할 정도로 세계에 이름을 떨쳤고 중국의 6대 고도 가운데 역사가 가장 긴 도시이기도 하다.

이러한 시안의 역사적 정체성은 바로 당나라 장안성에서 형성된

---

7) 사실 확실한 것은 서주/진/전한/신[8]/전조/전진/후진/서위/북주/수/당의 11개 왕조의 고도(古都)이며, 후한과 서진은 후술하듯 수년간 임시 수도였다.

것이다. 장안성은 화려하고 활기가 넘쳤다. 성에는 도교와 불교는 물론, 이슬람교, 조로아스터교, 경교(네스토리우스 기독교) 등 다양한 종교 사원이 있었고, 세계 각국 사람들로 거리가 붐볐다. 시장에는 전 세계 상인과 손님들이 몰려들었고, 가게마다 진기한 보석과 이국적인 카펫, 향신료가 넘쳐났다. 밤이 되면 등롱이 별처럼 불을 밝히고 깃발 사이로 신식 춤과 새로운 노래가 넘실댔다. 왕유(王維)와 맹호연(孟浩然), 이백(李白)과 두보(杜甫), 한유(韓愈)와 유종원(柳宗元), 백거이와 원진 등 사대부 지식인이 문학의 품격을 드높였고, 이구년(李龜年) 같은 악사를 비롯하여 교방(敎坊)과 평강방(平康坊)의 기녀들이 수준 높은 예술을 보여주었다. 곱게 치장한 여인들이 호선무(胡旋舞)를 뽐내고, 화려한 등불 아래로 구슬프게 「장한가(長恨歌)」8)

---

8) 백거이(白居易)의 장편 서사시로, 당 현종과 양귀비의 이야기를 소재로 하였다. 당(唐)나라 헌종 원화 원년(806년) 11월, 35세의 백거이는 장안 근교 주질현(周厔縣)의 현위(縣尉)로 있었다. 백거이는 서기 800년 진사 급제 당시 17명의 급제자 가운데 최연소였던 엘리트에다 사회적 문제를 풍자적으로 노래한 시인으로서도 명성이 높았다. 그는 신라 스님 혜초가 기우제를 지냈다는 선유사(仙遊寺)에서 왕질부(王質夫), 진홍(陳鴻) 등의 은자들과 하룻밤 유하게 되었다. 세 사람은 밤새 두런두런 이야기를 나누다가 근처 마외파(馬嵬坡)에서 50년 전에 비통하게 죽어간 양귀비(楊貴妃)가 화제에 올랐다. 왕질부가 이 기막힌 이야기를 후세에도 기억할 수 있도록 기록해 달라고 부탁했다. 사자에 대해 너그러운 마음이 든 것일까? 풍자시의 대가 백거이는 사랑하는 여인을 처형할 수밖에 없었던 현종의 '한(恨)'에 공감했다. 그는 '장한가(長恨歌)'라는 이름으로 7언 120구 840자의 대서사시를 짓고는 "장구한 하늘과 땅은 끝이 있을지언정, 이 한은 끝이 없으리."라며 불멸의 사랑으로 끝을 맺었다. 백거이의 「장한가」는 이렇게 탄생했다. 그리고 곧장 '장안의 화제'가 되어 남녀노소 누구나 아는 국민 노래가 되었다. 오죽하면 '어린 애들도 장한가 노래를 알고 음송했다.(童子解吟長恨曲)'고 했을까. 특히 당시 엔터테이너였던 기녀(妓女)들에게 인기가 있었

당나라 때 삼장법사 현장이 인도에서 가져온 불경을 보관한 '자은사 대안탑'

가 흘러나왔다. 동서양 문화가 융합되면서 국제문화 당풍(唐風)이 형
성된 것이다.

시안은 북송(北宋)이 개봉(開封)으로 수도를 정하면서 쇠퇴기를
맞았다. 후당(後唐) 때 서안부(西安府)로 개칭되었고, 이후 현재까지
시안(西安)이라는 명칭이 이어지고 있다. 이처럼 북송(北宋) 시대 이

---

다. 「장한가」를 잘 부르는 기녀는 몸값이 두 배나 뛰었기 때문이다. 그뿐인가.
신라와 일본까지 소문이 나서 당시 사신이나 무역상들이 구해갔다는 기록도
있다. 그러다 보니 시가와 소설과 희곡 등 다양한 장르에서 리메이크 또한 무수
히 이루어졌다. 함께 동석했던 진홍은 『장한가전』이라는 전기소설로 기록하였
으며, 송대에는 『천보유사제궁조』, 원대에는 『오동우』, 청대에는 『장생전』으로
이어졌고, 현대에도 왕안이의 소설 『장한가』처럼 수많은 각색이 이루어지고 있
다. 시안은 이러한 「장한가」의 무대이며, 이 이야기는 실경 뮤지컬로 만들어져
지금도 매일 밤 시안의 밤하늘을 물들이고 있다.

전까지 장안은 낙양(洛陽: 뤄양)과 함께 역대 왕조의 수도를 번갈아 맡으며 중국의 양대 도시로 번창했다. 그러다 보니 수도(首都)를 가리키는 대명사인 '장안'의 어원이 되었다. 이 표현은 조선 후기까지 쓰였으니, '장안의 화제'라는 말도 여기서 나왔다.

장안은 낙양(洛陽: 뤄양)에 견주어 서도(西都), 서경(西京) 또는 상도(上都)라고도 불리기도 했으며, 낙양과 함께 송대 이전까지 중국의 중심도시였다. 장안과 낙양이 고대 중국의 수도였던 것은, 당시 황허와 그 지류 유역이 중국에서 가장 농업 생산력이 풍부했고, 인구가 많은 지역이었기 때문이다. 장안은 관중(關中)이라 불렸고, 중원(中原)은 낙양 인근만을 한정하여 부를 때 쓰는 말이었다.

예로부터 '관중을 얻는 자 천하를 얻는다(得關中者得天下)'라는 말이 있을 정도로 중국 고대사에서 핵심적인 요충지였으니, 13개 왕조가 수도로 삼은 이유이다. 진나라 진시황(秦始皇)과 한나라 유방, 당나라 이연(李淵)은 장안이 포함된 관중 일대를 기반으로 천하를 얻었고, 오호십육국(五胡十六國) 시대의 전진(前秦)과 후일 수(隋)나라의 전신이 되는 남북조(南北朝) 시대의 북주(北周) 역시 이 지역을 기반으로 하여 화북(華北) 지방을 통일했다. 사실상 고대 중국을 통일했던 6개 국가 중 4개 국가의 시작이 관중 지방이었으니, 고대 중국에 있어서 장안의 중요성을 짐작할 수 있다.

일단 지형의 조건이 매우 특이하다. 도시와 평원을 둘러싼 진령(秦嶺)산맥이 원형의 성벽처럼 두르고 있으며, 서쪽에는 황하(黃河), 북쪽에는 위수(渭水)와 경수(涇水)가 흐른다. 특히 장안을 둘러싸고 있는 경지면적도 상당히 넓다. 관중 평야는 낙양의 5배 넓이나 되며, 예로부터 천부지국(天府之國)이라고 불린 옥토였다. 이는 전쟁에서 가장 중요한 보급이 유리하다는 의미이다. 방어하기 편리한 곳이자 교통도 좋으며, 서북방 이민족의 영토와 가까워 이민족과의 교역은 물론, 기병을 양성하기 좋은 땅이었다. 이러한 지형 조건 역시 시안을 2000년 넘게 번성한 도시로 만든 요인 가운데 하나였다.

## 4. 헤이안쿄[平安京]의 도시 역사

헤이안쿄[平安京]는 교토[京都]의 옛 이름으로서, 794년부터 913년까지 사용되었다. 교토라는 명칭은 그 이후부터 사용되었다. 교토는 일본 교토부 중남부에 위치한다. 교토부청 소재지이자 교토부 최대 도시이다. 교토시의 상위 행정구역인 교토부는 마이즈루, 교탄고 등 북부의 동해 연안까지 뻗어 있으나, 교토시는 바다에 접하지 않은 내륙도시이다. 794년 헤이안[平安] 시대가 시작한 이래 메이지[明治] 시대 초기인 1869년까지 1075년 동안 일본의 수도여서 별칭이 '천년 수도[千年の都]'이다. 인구는 약 139만 명(2023년)이다.

교토의 도시 역사는 헤이안쿄에서 출발한다. 헤이안쿄는 신라 도래인 하타씨[秦氏]로부터 시작되었으니, 『교토대사전』에는 '하타씨'에 대해 다음과 같이 설명하고 있다.

도래계 고대 씨족 중 최대의 씨족. 우즈마사(太秦: 廣隆寺 일원) 부

교토의 대표적 사찰 '기요미즈데라[淸水寺]'

근을 본거지로 했다. 조선 반도의 동쪽 신라에서 5세기 후반경에 집단
으로 건너와 일본의 국가 형성에 문화와 기술 등을 통하여 공헌했다.
하타씨는 가쓰라강(桂川)에 큰 제방을 쌓아 사가노(嵯峨野) 지역을 농
지화 하는데 큰 역할을 했고, 본거지 우즈마사에는 씨사인 광륭사(廣隆
寺)가 있으며, 여기엔 신라에서 온 도래불인 목조미륵반가상이 안치되
어 있다. 이들의 거주 범위는 교토 분지 전체에 걸쳐 널리 퍼져 있어,
후시미(伏見: 교토 남쪽)의 이나리신사(稻荷大社), 마쓰오(松尾: 가쓰
라강 서쪽)의 미쓰오신사, 우즈마사의 누에신사(蠶社) 등이 하타씨가
창건한 신사들이다. 또 헤이안쿄라는 수도 건설도 하타씨의 원조에 의
한 것으로 보이므로 고대 교토의 형성에 있어 최대 공로자라고 일컬어
지고 있다.(『京都大事典』, 淡交社, 1984)

지금의 교토 서쪽 우즈마사[太秦]라는 곳에 정착한 신라계 도래인
하타씨는 양잠 기술을 가지고 지방 토호 세력으로 성장했고, 서기
603년경 하치오카데라(蜂岡寺: 현 廣隆寺)라고 하는 절을 지었다. 지

교토 기온 거리의 '야사카 신사'

금도 이 고류지[廣隆寺]에는 미륵보살반가사유상, 고려 불화 등 한국과 관련된 유물이 많은데, 특히 미륵보살반가사유상은 일본 국보 1호로 지정되어 있다.

교토에는 신라의 하타씨[秦氏) 외에도 고구려계 야사카씨[八坂氏]가 지금의 야사카신사와 기온[祇園], 기요미즈데라[淸水寺] 지역에 자리를 잡았다. 656년 고구려 사신으로 온 이리지(伊利之)가 이곳에 정착하여 동족을 이끌면서 번성했다. 야사카 지역이 고구려계 도래인의 고향이라는 사실은 교토에서 가장 오래된 야사카탑이라고 불리는 법관사(法觀寺) 오중탑이 증언하고 있다. 교토 리쓰메이칸대학 하야시야 다쓰사부로[林屋辰三郎] 교수는 "고구려 귀화 씨족은 가미코마[上狛] 지역을 근거로 고려사(高麗寺: 고마데라)를 창건하여 씨족의 거점으로 삼았고, 야시카노 즈쿠리라는 이름으로 불린 이 지역 사람들은 야시카신사와 함께 법관사(法觀寺)를 지었다."9)라고 했다. 그리고 백제계 도래인 하야씨[林氏]는 아스카[飛鳥] 들판에 터를 잡았으

역사가 적층된 교토의 골목길 '니넨자카'

니, 히노쿠마[檜隈] 마을에 오미아시신사[於美阿志神社]가 있다.[10]

　유홍준은 『교토학에의 초대』(飛鳥企劃, 2002)라는 책을 인용하여 헤이안시대 이전 교토의 동쪽은 고구려계 도래인 야사카노 즈쿠리의

---

9) 하야시야 다쓰사부로 저 · 김효진 번역, 『교토』, 에이케이커뮤니케이션즈, 2019.
10) 사실 일본과 가장 먼저 활발하게 교류하며 큰 영향을 끼친 나라는 백제였다. 『일본서기』와 『고사기』에 따르면 진구(神功) 황후 46년(366)에 양국이 최초로 국교를 맺었다고 서술되어 있다. 백제와 일본의 교류가 가장 활발했던 시기는 근초고왕 때로, 국교 수립 후 양국은 꾸준히 사신을 교환하며 문화를 교류하였다. 1,500여 년이 지난 지금도 일본 곳곳에는 백제의 문화가 남아있다. 백제가 일본 역사에서 큰 의미를 갖는 것은 발달된 선진 문화와 학문의 전파 때문이다. 학문과 기술을 전하며 일본인의 스승으로 남은 백제인들이 많다. 그 대표적인 이로 바로 왕인(王仁) 박사를 비롯해 궁월군(弓月君), 아직기(阿直岐) 등을 꼽을 수 있다. 왕인 박사와 아직기에 의해 전래된 한반도의 선진 문물들은 일본에 큰 영향을 끼쳤다. 특히 아스카 문화는 백제 문명의 연장이라고도 할 수 있을 만큼 많은 제도와 문물이 수입되었는데, 유·불교를 비롯하여 건축, 조각, 회화 등 대부분 영역에서 큰 영향을 받았다. 아스카 지역의 아스카데라(飛鳥寺) 같이 백제의 문화가 고스란히 드러난 사찰도 건립되었다. 뒤이어 607년에 백제는 백제의 기술자를 총동원하여 나라 지역에 호류지(法隆寺)를 지었다.

야시카신사, 서쪽과 남쪽은 신라계 도래인 하타씨의 마쓰오신사와 후시미 이나리신사, 북쪽은 열도 내 도래인 가모씨의 상하 가모신사가 있었다며 사실상 오늘의 도쿄를 일군 것은 절대적으로 도래인이었음을 명확히 하고 있다고 했다.[11]

이처럼 아스카(飛鳥) 시대(538~710) 교토는 한반도와 그 도래인이 일군 문명이라 할 만큼 큰 영향을 받았다. 그러나 한반도의 복잡한 정세로 인해 차츰 그 상황이 변해 갔다. 삼국시대까지 한반도에서 문화를 수입하던 일본은 663년 백제를 지원하여 나당연합군과 일대 혈전을 벌였던 백촌강 전투에서 패배했다. 668년 고구려까지 멸망하고 676년 통일신라가 당나라를 한반도에서 축출하는 동아시아 국제 정세의 변화는 일본이 본격적으로 고대 국가로 나아가는 계기가 되었다. 이러한 상황에서 일본은 적대국으로 싸웠던 통일신라와 전과 같은 친선관계를 유지할 수 없었다. 특히 일본 조정에 뿌리 깊이 자리 잡고 있었던 백제계 도래인의 입장에서 통일신라는 자신의 고국을 멸망시킨 나라였다. 이때부터 일본은 통일신라와 거리를 두고 문명의 젖줄을 찾아 중국으로 뻗어나갔다. 8세기에 나라[奈郞]에 건설한 헤이조쿄[平城京] 자체가 당나라 장안성을 본뜬 것이었고, 이 시기 전후로 일본은 한반도를 넘어 당나라 문화를 받아들이기 시작하여 약 250여 년간 16차례 견당사(遣唐使)를 파견했다.[12]

---

11) 『나의 문화유산답사기: 일본편3: 교토의 역사』(창비, 2014), 130쪽.
12) 나라시대부터 헤이안시대에 걸쳐 이렇게 당나라 문화를 받아들인 것을 일본문화사에서는 당풍(唐風) 문화라고 부른다. 일본은 더이상 한반도의 영향권에 있

이처럼 아스카시대와 나라(奈良)시대(710~794)를 거치면서 한반도와 중국으로부터 여러 문화와 기술을 도입해 고대 일본의 토대를 닦았다. 그러던 794년 간무[桓武] 천황(天皇)이 헤이죠쿄(平城京: 지금의 奈郞)에서 헤이안쿄(平安京: 지금의 교토)로 천도하면서 헤이안(平安) 시대로 돌입했다. 당시 교토 중심부의 땅은 신라계 도래인 하타씨 소유였는데, 하타씨의 땅을 내어줌으로써 천도가 시작되었던 것이다. 이전의 아스카, 나라 시대에는 한반도와 중국의 문화와 기술을 수입하던 시기였지만 헤이안 시대는 일본 고유의 와풍[和風]을 강조하는 고쿠후[國風] 문화가 융성하게 된다. 가나의 서체가 형성되어 일본 고유의 문자가 만들어졌고, 『겐지이야기(源氏物語)』 같은 일본만의 문화예술이 꽃피우기 시작했다.

---

지 않았으며, 통일신라와는 성격을 달리하는 문화를 갖추어가게 된다. 그 대표적인 것이 헤이안시대 새로운 불교사상이 정립된 것을 들 수 있다. 공해와 최징이라는 두 스님이 당나라로 유학 가서 각각 진언종과 천태종을 들여와 기존 일본 불교계를 혁파하고 토착화시켜 일본화된 밀교를 정착시켰던 것이다. 일본 불교는 당나라나 신라와는 전혀 다른 '일본 문화'로 나아갔다. 통일신라가 멸망하는 9세기 말에 이르러 일본은 또 당풍 문화에서 국풍 문화로 전환하는 동력을 갖추었다.

신라 도래인이 세운 후시미 이나리 신사의 '센본도리이'

 

헤이안시대는 1185년 가마쿠라[鎌倉] 막부(幕府)의 창립과 함께 막을 내렸다. 하지만 교토는 가마쿠라 막부는 물론, 무로마치[室町] 막부, 전국시대(戰國時代), 1603년 에도[江戶] 막부의 에도시대 같은 역사 변혁기 속에서도 도읍의 위치를 굳건히 지켰다. 1867년 대정봉

환(大政奉還), 그리고 일본 전역에서 펼쳐진 신정부와 막부 간의 무진전쟁(戊辰戰爭)을 지나 일본은 천황 중심의 입헌군주국으로 바뀌었다. 그리고 1868년 메이지[明治] 천황이 도쿄[東京]에서 행정업무를 시작하면서 교토는 1000년 넘게 지켜오던 수도의 자리를 넘겨주었다.

일본 역사상 교토라는 말이 쓰인 것은 서기 914년경부터이고 이전에는 헤이안(平安)이라는 말이 주로 사용되었다.

## 5. 전성기 세 도시의 접속과 연결

빈공과(賓貢科)는 당나라에서 외국인을 대상으로 실시한 과거(科擧)이다. 당(唐)에서 처음 실시하였다. 당은 주변의 많은 종족·국가들과 관계를 맺으면서 국제적인 문화를 꽃피웠다. 당에는 외국에서 온 사람들이 많았는데, 당 조정은 이들을 대상으로 한 과거 제도인 빈공과를 시행하였다.

통일신라는 당과 활발한 교류를 하였고, 당으로 많은 유학생들이 건너갔다. 이들 유학생 중에는 빈공과에 응시하여 당에서 관직 생활을 하는 사람도 있었다. 빈공과에 합격한 사람을 빈공이라 하는데, 신라인 빈공은 80여 명에 이르렀다. 신라 출신 빈공은 주로 골품제 사회에서 출세에 한계가 있었던 6두품 출신이 많았다.[13] 대표적인

---

13) 당시 신라에서는 837년 한 해에만 216명이 당나라에 유학생으로 떠났을 만큼

인물로는 최치원(崔致遠, 857~908?), 최승우(崔承祐, 890년 전후), 최언위(崔彦撝, 868~944) 등이 있다. 또 신라인 중에는 수석 합격한 사람도 많았다.[14]

6두품 출신 최치원은 12살 때인 868년 당나라 유학을 갔는데, 『삼국사기』에는 떠나는 배 위에서 아버지가 "10년 안에 과거급제 못하면 어디 가서 내 아들이라고 하지도 마라. 나도 아들이 있었다고 말하지 않겠다"라고 했다는 기록이 있다. 최치원은 "남이 백의 노력을 하는 동안 나는 천의 노력을 했다"라는 기록을 남길 정도로 열심히 공부했다. 그 결과 874년 9월, 유학 6년 만에 18세 나이로 당나라 빈공과에 장원급제했다.

최치원은 빈공과에 급제한 후 2년간 관직이 나오지 않아 동도(東都) 낙양에서 유람하면서 서류 대필과 저술 활동으로 밥벌이를 하였는데, 이 때 많은 시문을 지었다. 2년 만에 선주(宣州) 율수현(溧水縣, 지금의 江蘇省 溧陽縣)의 현위(縣尉)에 임명되었으나 임기를 마친 3년 뒤 다시 대기발령 상태가 된다. 그후 최치원은 회남절도사(淮

---

당나라 유학 열풍이 불었다. 당나라 유학 경력이 있으면 신라에 돌아와서도 출세가 보장된 엘리트 코스였기 때문이다.

14) 발해 역시 10여 명에 이르는 빈공을 배출하였다. 특히 872년(발해 대현석 2년)에는 오소도(烏沼度)가 수석으로 합격하였다. 이에 통일신라와 발해 사이에 신경전이 벌어지기도 하였다. 송(宋)에서도 빈공과가 시행되었는데, 고려에서 이에 응시하여 합격한 사람들이 많았다. 대표적으로 최한(崔罕), 왕림(王琳), 김성적(金成績) 등이 있다. 원(元)에서도 외국인을 대상으로 한 과거가 시행되었는데, 그 이름을 제과(制科)로 바꾸었다. 하지만 명(明)은 외국인을 대상으로 하는 과거를 폐지하였다.

南節度使) 고병(高騈)의 막부로 들어갔다.

황소(黃巢)의 난이 일어나자 고병의 막하에서 「토황소격문(討黃巢檄文)」을 지어 당 전역에 문명을 떨쳤고, 승무랑시어사(承務郎侍御史)로서 희종 황제로부터 자금어대(紫金魚袋)를 하사받았다. 귀국하여 헌강왕으로부터 중용되어 왕실이 후원한 불교 사찰 및 선종 승려의 비문을 짓고 외교 문서의 작성도 맡았으며, '시무 10조'를 올려 아찬(阿湌) 관등을 받았다. 그러나 진골 귀족들이 득세하며, 지방에 도적들이 발호하는 현실 앞에서 자신의 이상을 채 펼쳐보지도 못한 채 관직을 버리고 은거하여 행방불명되었다. 『삼국사기』에서는 가야산의 해인사로 들어갔다고 하고, 민담에서는 지리산으로 들어갔다고도 한다. 908년까지 생존해 있었음은 확실하지만 언제 어떻게 죽었는지는 알 수 없다.[15]

이 시기에 일본에서 이름을 떨친 신라인도 있었다. 『삼국사기』 '열전'을 보면, 779년 일본국으로 보낸 신라 사절단에 문장가로 알려진 김유신의 후손 김암(金巖)도 포함돼 있었는데, 일본 천황이 그 어진 인품에 반해 그를 일본에서 영구히 머물도록 하려다가 "당나라에서도 유명한 인물인데 어찌 강제로 머물게 하려는가"라는 당나라 사신의 질책을 듣고 그만두었다고 한다.[16]

---

15) 귀국 직후 당에서 쓴 글을 모아 헌강왕에게 바쳤던 『계원필경(桂苑筆耕)』은 한국에서 가장 오래된 개인 문집으로 꼽히며, 『삼국사기』에 실려 있는 「난랑비서(鸞郎碑序)」는 신라 화랑도의 사상적 기반을 알리는 자료로서 주목받는다.
16) 『삼국사기』 제43권.

이러한 김암의 인품과 문명(文名)을 놓고 벌어지는 일본인과 당인(唐人)의 대화는 당시 한-중-일의 문화적 친근감을 잘 나타낸다. 설총의 아들인 설중업(薛仲業)도 바로 그 779년 도일 사절단에 포함돼 있었는데, 그는 당시 일본 최고 문호인 오미노 미후네[淡海三船, 722~785]로 추측되는 마히토[眞人][17]급의 인물로부터 그의 할아버지인 원효(617~686)의 『금강삼매경론』에 대한 찬사까지 들을 수 있었다.[18]

원효의 저작들이 신라만큼이나, 일본과 당나라에 알려져 있었고, 김암과 같은 지식인들이 일본과 당나라에서 이름을 떨칠 수 있었던 것은 8세기 말의 동아시아가 하나의 문화 공동체였음을 보여준다.

7~8세기 일본은 통일신라와의 교류를 무엇보다 중요시했고 적극적이었다. 일본에 대한 『삼국사기』의 기록은 다소 소략하지만 일본 자료와 함께 종합해보면 670년부터 779년까지 한 세기 동안 신라 사신들이 일본에 39차례나 파견됐다. 같은 기간에 일본 사신들은 신라를 25차례 방문했다. 그 기간 당나라로 견당사(遣唐使)를 보낸 것은 불과 10차례였다. 당나라는 일본에 별다른 관심을 보이지 않아 사신을 잘 파견하지 않았던 것으로 보인다. 이런 상황이다 보니 신라는 한반도 문화는 물론 중국 대륙문화까지 전파하는 플랫폼 역할 했던 것으로 보인다. 8세기 후반 이후로 당나라와의 불교 교류가 점차 확

---

17) 신라의 '진골'에서 유래된 듯한 최고급 세습 귀족 집단의 칭호.
18) 『삼국사기』 제46권, 『신라서당화상비』, 『속일본기』 권36.

대되면서 신라와의 불교 교류를 압도하게 되지만, 8세기 초반까지만 해도 신라로 유학 가는 일본 유학승이 당나라로 가는 유학승보다 많았다.[19]

그런 면에서는 원효가 일본에서 유명해진 것이 자연스러운 일이었다. 특히 일본 화엄종의 발전에 신라가 끼친 영향은 상당했다. 736년 일본에 도착해 화엄종을 개종한 심상(審祥)부터 신라인으로 알려져 있고, 752년 약 700명의 수행원을 데리고 온 신라 사절단이 화엄 국찰(國刹) 도다이지[東大寺] 건립에 필요한 금의 일부를 갖고 온 것으로 추측되기도 한다.

이처럼 도다이지에서 신라 사절단이 예불한 752년을 절정으로 한 7~8세기 신라와 일본의 교류는 매우 활발했고 관계도 좋았다.[20] 그럼

---

19) 기록에 따르면 665년에서 718년 사이 총 13명의 유학승이 신라로 갔는데, 같은 기간 당나라로 간 유학승은 9명이었다.

20) 일본이 신라 사절의 정기적 파견을 요청하고 당나라보다 사신을 더 자주 보냈던 배경에는 신라에서 두 가지를 구하려는 마음이 깔려 있었다. 첫째, 국가 운영에 대한 지식이었다. 일본과 통일신라는 당나라와 달리 철저한 세습 귀족 지배의 사회였기에 일본으로서 당나라보다 신라의 운영체제가 훨씬 효율적이었다. 예를 들어 684년 모든 귀족층을 '팔색(八色)의 성(姓)'이라는 8가지 세습 집단으로 나눈 개혁은 분명히 신라의 성골·진골·육두품·오두품 등 신분제의 영향을 받은 것으로 보인다. 이 8가지 세습 집단 중에서 3개의 최상 집단인 마히토(真人)와 아손(朝臣), 수쿠네(宿禰)는 주로 황족과 황족의 외척 등으로 구성됐는데, 이런 의미에서 신라의 진골에 해당한다고 할 것이다. 마찬가지로 사치품의 사용을 성(姓)에 따라 제한하는 율령국가의 '소비 규범화' 시스템도 신라를 통해 받아들인 듯하다. 둘째, 일본 귀족들에게 신라의 고급 상품은 큰 매력을 가졌다. 일본 황실의 보물 창고인 쇼소인(正倉院)에서는 신라의 가야금 과 숟가락, 가위, 칼, 유리잔, 사리기, 그리고 양모로 만든 꽃 문양의 방석(花氈) 등을 쉽게 발견할 수 있다. 일본 귀족들이 신라의 공예품을 얼마나 애호했는지

신라의 호국 사찰 '불국사'

에도 불구하고 통일신라 시절 일본 국가의 공식적 신라관은 매우 적대
적이었다. 당시 일본은 공문서에서 신라를 '번국'(蕃國), 즉 일본의 조
공국가로 표기했으며 대외적으로도 이런 시각을 적극적으로 표출했다.
이처럼 일본이 실제로는 신라와 적극 교류하면서 공식적으로는 '번국'
으로 지칭한 이유는 일본 지배계층 속에 많이 들어간 백제인과 고구려
인 등 한반도 출신들의 적대적 신라관에 기인했다고 본다.[21]

쇼소인의 소장품을 보며 실감하게 된다. 그래서 그들의 대신라 외교는 적극성
을 띠지 않을 수 없었던 것이다.

그러나 7~8세기 신라와 일본이 하나의 지적 공동체를 이루었다는 사실, 원효의 책들이 일본에서 애독되고 일본의 화엄 국찰인 도다이지가 만들어지던 751년에 신라의 화엄 국찰 불국사도 창건됐다는 사실 등은 그 자체로서 '문화의 공유'라고 할 수 있다. 일본 지배층의 여러 역학관계로 인해 평탄하지만은 않았지만 7~8세기 통일신라와 일본의 관계는 양쪽에 매우 중요했다.

## 6. 맺음말

이처럼 세 도시는 상호 교류하고 작용하면서 동아시아적 동질성을 공유했을 뿐 아니라 나름의 정체성을 형성하기도 했다. 그래서 세 도시의 모습은 비슷하면서도 다르다. 비슷한 면은 오랜 교류와 영향에서 비롯되었고, 다른 것은 도시 발전과 근대화 과정에서의 서로 다른 방향 때문일 것이다.

그래서 세 도시를 대하는 우리의 느낌은 친밀하면서도 신선하고, 익숙하면서도 낯설다. 자세히 들여다보면 꼭 어릴 때 친구를 다시 만난 것 같기도 하다. 지난 추억도 함께 나누고 싶고 살아온 과정이 궁금하기도 하다. 철들 무렵부터 세 친구는 서로가 서로를 키웠다. 세 친구가 가장 친했던 시기, 즉 전성기만 보아도 추억거리가 많다.

---

21) 신라인들이 '일통(一統)'이라고 표현했던 대동강 이남 영토의 정복 과정은 그들에게는 '망국(亡國)'이었기 때문이다. 이런 고대의 '번국론'이 19세기 말 일제의 한반도 침략을 합리화하는 데 이용되기도 했다.

아명이 서라벌, 장안(長安), 헤이안쿄(平安京)이다. 장안성을 모델로 한 계획도시인 것도 공통점이다. 서라벌은 삼국을 통일하고 찬란한 황금 문화를 꽃피웠다. 11개 왕조가 도읍했던 장안이지만 그 가운데 최고는 당나라였다. 당나라 시기 장안성은 인구 100만이 넘는 세계 최고의 국제도시였다. 복도제(複都制)로 이리저리 떠돌던 일본은 헤이안쿄에 자리 잡으면서부터 일본 고유의 고쿠후(國風) 문화가 생겨나기 시작했다. 이 시기에 여왕의 추억도 공유한다. 서라벌에는 선덕여왕, 장안에는 측천무후, 헤이안쿄에는 스이코여왕이 최고 통치자의 자리에 있었다. 이들은 남성 중심이라는 동아시아적 편견을 무너뜨린 의미 있는 여성 지도자들이었다.

세 도시를 오간 수많은 사람, 그들이 실어 나른 수많은 생각과 솜씨들이 역사와 문화, 유적으로 남았다. 이 세 도시를 관통하는 공동의 문화콘텐츠를 바탕으로 '동아시아 천년고도' 문화거리나 테마파크 같은 것을 조성해보면 좋겠다. 경주의 황리단길, 시안의 대당불야성 거리, 교토의 기온 거리에 세 도시의 영화를 재연하고 연결하는 문화표지판을 만드는 것은 어떨까. 황룡사 9층 목탑, 자은사 대안탑, 도지 5층 목탑을 한곳에 모아 이야기를 연결하면 멋지지 않을까. 선덕여왕, 측천무후, 스이코여왕을 접속하여 동아시아 여성 지도자를 톺아보면 서양의 시각이 확 달라지지 않을까.

이러한 도시의 접속과 연결은 도시를 다양하고 풍요롭게 만든다. 중앙의 원심력에 맞서 새로운 활로를 모색하고 있는 경주, 시안, 교토 세 도시가 상호 접속하고 연대하여 새로운 동력을 얻기를 바란다.

이러한 도시와 도시의 접속과 연대가 중앙에 빨려 들어가지 않는 탄탄한 뿌리라고 믿는다. 이것이 들뢰즈가 말한 리좀식 연결이다. 비바람에 흔들리는 중앙 혹은 국가 중심의 '수목(樹木)' 구조가 아니라 어떤 폭풍우에도 흔들리지 않는 '리좀'의 뿌리 말이다.

# 참고문헌

김부식 저, 신호열 역해, 『삼국사기』, 동서문화사 2007.

일연 저, 김원중 역, 『삼국유사』, 민음사 2008

유홍준, 『나의 문화유산답사기(석굴암외)』, ㈜창비, 2012.

황윤, 『일상이 고고학: 나혼자 경주 여행』, 책읽는 고양이, 2020.

황윤, 『일상이 고고학: 나혼자 경주 여행2』, 책읽는 고양이, 2023.

유홍준, 『나의 문화유산답사기(중국편1/2/3)』, ㈜창비, 2020.

김학주, 『장안과 낙양, 그리고 북경>, 연암서가, 2016.

이시다 미키노스케 저, 이동철 역, 『장안의 봄』, 이산, 2004.

박정희, 『중국, 고도를 거닐다』, 서울대학교출판문화원, 2020.

둥젠홍 지음, 이유진 옮김, 『고대 도시로 떠나는 여행』, 글항아리, 2010.

이유진, 『중국을 빚어낸 여섯 도읍지 이야기』, 메디치미디어, 2018.

유홍준, 『나의 문화유산답사기(일본편1/2/3/4/5)』, ㈜창비, 2020.

하야시야 다쓰사부로 저, 김효진 역, 『교토』, AK(에이케이 커뮤니케이션즈, 2019.

임경선, 『교토에 다녀왔습니다』, 위즈덤하우스, 2017.

정재정, 『서울과 교토의 1만년』, 을유문화사, 2016.

생각노트 지음, 『교토의 디테일』, 미래엔, 2020.

무라야마 도시오 지음, 이자영 옮김, 『천년 교토의 오래된 가게 이야기』, 21세기북
　　스, 2019.

# 제2장
# 4차 산업혁명인가 도시혁명인가

최병두*

## 1. 제4차 산업혁명과 스마트도시

 이른바 '제4차 산업혁명'의 물결이 밀려온다. 이 용어는 2016년 개최되었던 세계경제포럼(World Economic Forum)에서 처음 제시되었지만, 그동안 코로나 팬데믹으로 위축되었던 사회공간 활동이 점차 활기를 되찾으면서, 당면한 경제침체에 대응할 수 있는 전략으로 관심을 끌게 된 것이다. 제4차 산업혁명은 18세기 초 시작한 산업혁명 이후 4번째로 여러 사회경제 분야들에서 정보통신기술의 융복합으로 새로운 혁신이 폭발적으로 이루어지고 있는 시대를 뜻한다. 이에 따라 관련된 용어들, 예컨대 인공지능(AI), 사물인터넷(IoT), 사이버물리시스템(CPS), 빅데이터(big date), 클라우드(cloud), 메타버스(meta-

* 대구대학교 지리교육과 명예교수
 이 글은 최병두, 2024, 4차산업혁명인가 도시혁명인가, 한국지역지리학회지, 제 30권 1호에 게재된 논문을 축소·수정한 것임.

verse), 플랫폼(platform)과 같은 생소한 단어들이 대중매체를 통해 연일 쏟아지고 있다. 최근에는 대화형 로봇(챗 GPT)이 소개되면서 인공지능이 어떤 일까지 할 수 있을지에 대한 호기심을 북돋웠다.

정부는 이러한 4차 산업혁명을 선도하기 위해 반도체와 인공지능 기술발전을 지원하는 정책들을 발표하고(예로, 관계부처 합동, 2017 참조), 전문 연구자들은 관련 핵심 기술의 개발에 박차를 가하고 있다. 대기업들은 이렇게 개발된 기술들을 상용화할 뿐 아니라 이를 응용한 산업 및 고용 구조를 개편하고 나아가 경제시스템 전반의 혁신을 도모하고 있다. 그러나 일반인들뿐 아니라 관련 분야의 전문가들도 과연 인공지능이 경제와 일자리 창출에 도움이 될지 해가 될지 의문스럽고, 이를 응용한 결과가 인간의 삶을 질을 높여줄지 아니면 오히려 악화시킬지에 대해 확신하기 어려워하고 있다.

물론 4차 산업혁명을 주도하는 산업부문에서는 고임금의 일자리가 늘어나고 기업들은 황금알을 낳는 이윤 창출기회를 확보할 수 있을 것이다. 그러나 이 과정에서 일자리가 늘어나는 부문들보다는 줄어드는 부문이 더 많을 것이고, 새롭게 확보된 (초과)이윤은 일부 거대기업들에 더욱 집중할 것이다. 예로 2023년 5월에 있었던 세계경제포럼(WEF)이 세계 45개국 803개 기업에 대한 설문조사 결과를 토대로 작성·발표한 『일자리의 미래 2023』에 의하면, 2027년까지 일자리 8,300만개가 사라지고 6,900만개가 창출될 것으로 추정된다. 순감소 일자리 1,400만개는 전 세계 일자리의 약 2%에 해당하며, 은행원과 티켓판매원, 데이터 입력 사무직 등에서 일자리의 감소가 클 것으로 예상했다(WEF, 2023, p.7).

이러한 상황에서 중앙정부와 마찬가지로 지방정부도 4차 산업혁명에 부응하는 기술의 활용을 통하여 스마트한 도시공간의 구축이 도시나 지역의 발전과 시민 삶의 질 향상에 기여할 것임을 강조하면서, 일자리 대책보다는 도시의 새로운 개발 계획을 촉진하고 있다. 세계적으로 스마트도시(smart city)라는 이름으로 추진되는 이 프로젝트는 인공지능기술이 도시 교통, 에너지, 여타 기반 시설 관리뿐만 아니라 시민 생활과 안전을 위해 적용될 것임을 강조한다. 나아가 4차 산업혁명을 상징하는 초자동화와 연계성은 시민의 접촉과 연결을 증폭시킴에 따라, 도시사회 전반에 큰 변화가 초래될 것이라고 예측한다. 하지만, 4차 산업혁명에 따른 이러한 도시 공간과 사회의 변화가 계획처럼 바람직한 결과를 가져다줄 것인가는 알 수 없다.

4차 산업혁명이 가져올 문제들, 예컨대 양극화의 심화와 일자리 상실에 대한 불안감, 새로운 기술에 의한 삶의 질 개선의 불확실성, 도시 공간과 사회 변화의 불명확성 등은 제4차 산업혁명이라고 일컬어지는 사회경제적 변화가 인간의 통제 능력을 점점더 약화시키고 급기야 초자동화된 기술에 의해 인간을 완전히 배제시키고 소외되도록 하기 때문에 발생하는 문제라고 할 수 있다.

이러한 점에서, 근대 이후 사회경제적 변화를 산업과 기술에 초점을 두기보다는 대부분 인간의 삶과 그 삶이 영위되는 도시 사회공간의 관점에서 이해하기 위해, '산업혁명' 대신 '도시혁명'이라는 개념을 사용할 수 있다.

도시혁명에 관해서는 뒤에서 구체적으로 논의하겠지만, 이는 프랑스 철학자이며 도시(공간)이론가인 앙리 르페브르(Henri Lefebvre)가 제시한 개념이다(Lefebvre, 2003). 도시혁명이란 산업도시의 등장으로 농촌사회에서 도시사회로의 전환이 시작된 이후 도시화가 완전하게 이루어져 도시사회가 전면화되는 과정을 의미한다. 이 개념은 일반적 용어라기보다는 상당한 사회이론적 깊이를 가지는 것으로(김수진, 2017; 최병두, 2018), 르페브르가 제시한 다른 주제들 예로 행성적 도시화, 도시에 대한 권리, 공간의 생산, 기술관료주의 도시계획 등의 개념들과 어우러져 현대 도시의 특성을 비판적으로 이해하는 주요한 틀 또는 관점이 되고 있다. 특히 이 개념을 도입하여, 스마트도시의 특성과 한계를 고찰한 여러 문헌들을 찾아 볼 수 있다. 국내 연구의 사례로, 박배균(2020)은 "주류 스마트도시 담론을 비판적으로 검토하고, 르페브르의 '도시혁명'과 '도시사회' 개념을 바탕으로 스마트도시론을 급진적으로 재구성"하고자 했다. 해외 문헌이지만 국내 사례(인천 송도 신도시)를 분석한 연구들(Kuecker and Hartley, 2019; Lim et al, 2023)도 르페브르의 행성적 도시화 논제와 더불어 푸코의 통치성 개념을 활용하여 스마트도시 담론을 고찰하고 있다.

또한 갈리와 슈이렌버그(Gali and Schuilenburg, 2021)는 "스마트도시란 스마트기술을 모든 종류의 도시문제를 해결하기 위해 필요한 가치-중립적이고 합리적 도구로 간주하는 기술-유토피아 담론"으로 규정하는 한편, "르페브르의 '도시에 대한 권리' 개념 역시 어떤 의미에서 유토피아적 프로젝트이지만, 이는 해방적이고 공정한 스마트도시란 어떠해야 할 것인가를 성찰할 수 있는 기회를 제공한다"고 주장한다. 이들과 비슷한 맥락에서 같은 도시(스페인 바르셀로나)를 사례로 고찰한 연구에서 차목 등(Charmock, et al., 2019)은 스마트도시를 "참여민주주의를 고양하기 위한 디지털 플랫폼 기술을 촉진하고 시민을 위한 기술 주권 및 디지털 권리를 보장하기" 위한 것이라고 규정한 도시정부의 '진보적 의도'에서 나아가 "시민들 사이보다 새롭고 급진적인 형태의 주체성을 만들 수 있는 도전으로 인식"해야 한다는 점을 강조하면서 '스마트도시'에서 하비(2014)의 용어인 '반란의 도시'로의 전환을 요청한다.

이러한 연구 사례들은 디지털 및 인공지능기술이 구현되는 장으로서 스마트도시가 나름대로 그 의미를 가진다는 점을 인정하지만, 르페브르의 도시혁명, 도시에 대한 권리 등의 개념에 바탕을 두고 보면 기술관료주의적 합리성이나 통치성을 정당화하기 위한 기술적 재현에 불과하다는 점을 비판적으로 지적하고 있다. 르페브르의 도시혁명 개념은 기존의 자본주의적 도시화 과정이나 도시 생활에 내재된 갈등과 문제점들을 시민의 관점에서 재조명하고 이를 해결할 수 있는 가능성을 전제로 한다. 이 글은 스마트도시에 한정된 논의를 확장시켜 4차 산업혁명 또는 산업혁명의 개념이 가지는 한계를 지적하고, 이를 넘어서기 위하여 도시혁명으로의 개념적 또는 관점의 전환이 필요하다는 점을 강조하고자 한다.

## 2. 산업혁명과 도시화의 역사

영국의 사학자, 아널드 토인비가 제안한 '산업혁명'이라는 용어는 18세기 중반 시작된 기계의 발명과 기술 변화, 그리고 이에 따라 촉발된 산업 및 사회 전반의 변화를 의미한다. 기술의 발전은 하나의 획기적인 기술로 이루어지는 것이 아니라, 여러 기술들이 동시에 고안, 응용되는 과정에서 서로 연계하여 시너지효과를 만들어 냄에 따라 묶음으로 이루어진다. 즉 기술혁신은 산업생산기술과 결합한 에너지, 교통, 도시 인프라, 그리고 이들을 관리하는 거버넌스 체제 등에서 묶음으로 발생하며, 이에 따라 산업 분야에서 나아가 사회 전반에 혁명적 영향을 미치게 된다(나중규·김종달, 2017).

이러한 혁신기술의 묶음이 일정 기간 지배적 패러다임으로 사회경제 전반에 영향을 미친 후 쇠퇴하게 되면, 새로운 기술 묶음이 요구되고 이에 따라 새로운 사회경제적 혁명이 이루어지게 된다. 이러한 기술혁신과 사회경제적 대변화는 제1차 산업혁명 이후 몇 차례에 걸쳐 이루어졌고, 최근 4차 산업혁명에 이르기까지 그 교체 기간은 단축되어 왔다. 각 단계의 혁명은 당시 혁신기술과 에너지의 특성 그리고 산업생산 기술 등을 고려하여 각각 증기기관 기반 기계화혁명, 전기에너지 기반 대량생산혁명, 컴퓨터 기반 지식정보혁명 그리고 현재 인공지능 기반 기술융합혁명으로 불린다(표 1).

[표 1] 산업혁명 구분과 산업화, 도시화의 특성

| 구분 | 산업혁명 이전 | 1차 산업혁명 | 2차 산업혁명 | 3차 산업혁명 | 4차 산업혁명 |
|---|---|---|---|---|---|
| 시기 | 18세기 중반 이전 | 18세기 중반 ~19세기 중반 | 19세기 후반 ~20세기 초반 | 20세기 후반 | 21세기 초반 |
| 특성 | 자연에너지 의존 농경생활(농업혁명) | 증기기관 기반 기계화 혁명 | 전기에너지 기반 대량생산혁명 | 컴퓨터 기반 지식정보혁명 | 인공지능기반 기술융합혁명 |
| 혁신기술, 에너지, 교통통신 | 방적기, 인쇄술, 자연에너지 우마차(궤도) | 증기기관 화석에너지: 석탄 증기선, 철도 | 전기, 내연기관 석유, 천연가스 전차, 자동차 | 컴퓨터, 인터넷 핵분열 원자력 비행기, 고속열차 | 인공지능기술, 핵융합 원자력/ 재생가능에너지 초고속통신체계 |
| 산업화 | 농경 정착생활, 자급자족생산 | 기계화, 공장제 생산 | 일괄생산라인, 대량생산 | 자동·정보화, 다품종 생산 | 로봇화 완전 자동생산 |
| 노동 | 사회적 예속화 (노예, 소농) | 기계(부품)노동 노동의 규율화 | 육체/사무노동 탈숙련화 | 노동 유연화 비정규직화 | 초자동화 무인화 노동소멸 |
| 도시화, 도시사회 | 정치, 상업도시 농촌중심, 미분화 신분적 예속사회 | 산업도시 도/농, 직/주분리 소외된 노동 | 산업도시 성숙 교외화, 대도시화 일상생활 소외 | 탈산업정보도시 세계도시화, 소외 확대, 심화 | 스마트도시 행성적 도시화, 보편적 소외 |
| 자연환경 | 자연유발 재해 | 물질순환 균열, 도시오염 심화 | 개발과 자연파괴, 국가적 오염 악화 | 자원고갈 가속화, 지구적 환경위기 | 지질시대적 생태위기(인류세) |

산업혁명 이전 사람들은 한 지역에 정착하여 농사를 지으며 자급 자족 생활을 영위하였다. 주요 에너지원은 풍력, 수력, 축력 그리고 인력 등 자연에너지였고, 베를 짜는 방적기나 도자기 제조기술, 인쇄술 등 주요 기술 및 기계의 발명이 있었지만, 사회공간적 영향은 크지 않았다. 고대 사회에서는 생산의 상당 부분은 신체적으로 예속된 노예노동에 의해 이루어졌고, 봉건제하에서 사람들 대부분은 영주가 관리하는 토지에 예속되어 농업활동에 필요한 노동을 공급하는 소농 신분이었다. 종교행사나 지배권력의 중심지, 그리고 물물교환의 시장 등의 기능을 가진 정치도시, 상업도시들이 발달했지만, 농촌사회 중심의 사회공간체계에서 도시와 농촌은 미분화된 상태였다.

산업혁명 이전에도 봉건제에서 (상업) 자본주의로의 전환과 더불어 산업화와 도시화가 어느 정도 진행되고 있었다. 이미 15~16세기에 서구의 농촌사회에서는 영주들이 토지 인클로저를 강제적으로 추진함에 따라, 소농들은 생산수단이었던 토지를 떠나 도시의 자유 임금노동자가 되었다. 원거리 무역이 발달한 도시에서는 단순한 상품거래에서 나아가 이들을 활용하여 상품을 가공·생산하는 산업활동이 시작되었다. 도시의 산업 생산은 초기에는 생산과 일상생활이 미분화된 가내수공업에 기반을 두었고, 기술은 장인-도제로 이어지는 기능의 전수를 통해 발달했으며, 여전히 장소-제약적이며 불규칙적으로 공급되는 자연에너지에 의존했다.

이러한 상황에서, 18세기 중반 증기기관 발명을 중심으로 일련의 기계들의 고안과 실용화가 이루어졌고 기술의 급격한 변화가 일어나면서 산업혁명이 시작되었다. 와트의 증기기관 발명에 조금 앞서 제니의 방직기가 발명되어 옷감 생산량을 획기적으로 증대시켰지만, 수증기의 열에너지를 기계적인 일로 바꾸는 증기기관이 그 이후 에너지 공급원 및 교통기술의 발달로 이어졌다는 점에서 산업혁명의 원동력으로 간주된다. 즉 증기기관의 발명은 석탄을 에너지원으로 하는 공장의 다양한 기계 작동과 더불어 증기선과 증기기차의 발명과 활용을 가능하게 했다. 특히 석탄 이용은 대량의 에너지를 장거리 수송하여 규칙적으로 공급할 수 있도록 함으로써 자연의 영향력을 벗어날 수 있도록 했다(나중규·김종달, 2017).

1차 산업혁명 이후 단계별로 고도화된 핵심 기술과 에너지원은 산업생산과 더불어 교통통신기술의 발달과 연계되어 있었다. 즉 증기철도에서 자동차를 거쳐 고속철도와 항공기(인공위성 포함)로의 전환은 도시 내 및 도시 간 거리의 마찰을 축소시키고 시공간적 압축을 촉진함으로써 사람과 상품의 이동량과 속도를 급속히 확대시켰다. 휴대폰, 컴퓨터와 인터넷, 이들을 활용한 다양한 사회네트워크시스템(SNS)은 초공간적 연결망을 확충하고 정보와 의사소통을 촉진했다. 나아가 사물인터넷, 사이버물리시스템의 구축 등과 인공지능기술과의 융합은 사람들 간 그리고 사람과 사물들 간 연계성을 극도로 발전시켰다. 이러한 기술의 발달은 자동화를 촉진하여 인간의 통제를 넘어 모든 것이 자율적으로 작동하는 시스템을 지향하도록 했다.

또한 이 과정에서 석탄에 기반을 두었던 에너지원은 석유 및 천연가스와 전기로 바뀌었고, 1900년대 후반에는 원자력 발전으로 이어졌으며, 최근에는 상용화가 촉진되고 있는 핵융합형 발전으로 전환되는 양상을 보인다. 이 같은 에너지원의 발달 과정은 생산의 효율성을 증대시켰을 뿐 아니라 이를 통제하기 위한 권력의 중앙집중화를 동반했다. 이러한 에너지원의 발달은 활용가능한 에너지 밀도를 증대시키면서 인류에게 치명적 영향을 줄 수 있는 핵무기의 개발뿐 아니라 자연의 오염과 기후변화를 초래하게 되었다. 이러한 점에서 20세기 후반부터 지속가능한 발전을 위한 재생가능에너지로의 전환이 강조되었지만, 이에 대한 실천 의지의 부족으로 원자력으로 회귀하는 경향을 보이고 있다.

이러한 산업혁명의 전개과정에 따라 산업화도 단계적으로 고도화되었다. 기계화된 공장제 생산으로 상품 생산량을 크게 증가시킨 서구 경제는 20세기 초 포드 자동차회사에서 처음 도입되었던 일괄생산라인(컨베이어벨트 시스템) 기반 대량생산 대량소비 체제가 2차 세계대전 이후 보편화되면서 안정된 경제성장을 촉진했다. 1970년대 포드주의 축적 체제의 한계로 경제침체를 맞았던 서구 경제는 정보기술에 대한 투자 확대 등으로 생산의 자동화를 촉진하고 다품종(소량) 생산 체제를 갖추게 되었다. 이러한 과정이 더욱 발전하여 오늘날 인공지능 로봇화를 활용한 완전 자동생산 체제와 이에 기반을 둔 새로운 산업구조로 전환하게 되었다. 이러한 산업화 과정을 통해 경제 규모는 크게 확장되고 물질생산량은 엄청나게 확대된 것은 사실이라 하겠다.

그러나 이러한 산업화 과정에 대한 설명에서 산업 및 기술 발달과 더불어 또 다른 축을 형성하는 노동의 조건과 노동자의 생활상태에 관해서는 흔히 간과된다. 농촌에서 생계수단인 토지를 박탈당하고 도시로 쫓겨나 임금생활자가 된 노동자들은 산업혁명이 시작되면서 강도 높은 노동훈련과 열악한 노동환경 속에서 마치 기계의 일부처럼 일을 했다. 심지어 일자리를 잃고 분노한 노동자들은 기계파괴운동을 일으키기도 했다. 대량생산 체제 하에서 구상(연구개발)기능과 실행(생산)기능이 분화됨에 따라, 노동자들의 탈숙련화가 초래되었다. 나아가 자동화 시스템이 확장됨에 따라, 노동의 유연화와 비정규직화가 촉진되었다. 4차 산업혁명에 따라 초자동화된 인공지능이 노동을 대체하는 무인공장시스템을 일반화시킨다면, 도시의 소외된 노동은 대체 어떻게 될 것인가?

산업혁명에 관한 논의에서 흔히 간과되는 또 다른 측면은 산업생산의 현장이며 일상생활이 영위되는 도시 공간과 사회의 변화이다. 산업혁명 이후 도시는 농촌과는 분화된 새로운 입지에서 새로운 산업기반을 가지고 발달했다. 1800년까지만 해도 도시에 사는 인구는 100명중 3명에 불과했고, 유럽에서 100만명이 넘는 도시는 런던이 유일했다. 산업혁명이 진행되면서 인구의 급속한 성장과 유입으로 도시는 급성장하게 되었고, 도시 내부 공간도 직장과 주거지가 분리되면서 도심과 공업지구, 주거지구 등의 기능분화가 이루어졌다. 자동차 보급과 도시 간 고속도로 건설은 도시 공간을 확장시키면서 교외화, 대도시화(메트로폴리스)가 촉진되었다. 20세기 후반 인구와 산업집중의 가속화로 거대도시(메가폴리스)들이 세계 도처에 발달하게 되었고, 지구화 과정을 통해 세계경제의 통합과 더불어 세계도시체계가 구축되었다. 4차 산업혁명에 따라 연계성이 극도로 강화되면, 도시의 공간구조와 도시사회는 어떻게 될까?

## 3. 4차 산업혁명과 스마트도시

### 1) 4차 산업혁명의 기술, 경제적 영향

4차 산업혁명이라는 용어는 2016년 스위스 다보스에서 열린 46차 세계경제포럼 연차총회에서 공식적으로 논의되기 시작했다(Baweja, et al., 2016). 당시 포럼에서는 4차 산업혁명을 3차 산업혁명에 기반을 두고 발달한 디지털과 바이오산업, 물리학 등의 경계를 융합하는 기술혁명이라고 규정했다. 이러한 4차 산업혁명을 통해 등장할 새로운 산업부문의 사례로는 디지털정보기술과 연계된 인공지능형 로봇, 3D프린팅, 자율주행자동차, 사물인터넷(IoT), 바이오 테크놀로지 그리고 스마트공장, 스마트도시 등이 지목되었다(그림 1). 이 용어가 사용된지 채 10년이 지나지 않아 관련된 다양한 기술들이 제시되고 있으며, 이들과 연계된 사회경제적, 도시공간적 변화에 관한 논의가 활발하게 전개되고 있다.

이러한 점에서 4차 산업혁명에 관한 몇 가지 특징들을 우선 정리해 볼 수 있다. 첫째, 디지털 기술의 연장선 상에서 이루어지는 일련의 기술들은 급격한 자동화와 연결성 강화를 지향한다. 이 포럼에 제시

[그림 1] 지능정보기술과 타 산업,기술의 융합 예시

출처: 관계부처 합동, 2017, 제4차 산업혁명에 대응한 지능정보사회 중장기 종합대책. 7.

된 보고서의 제목, 『초자동화와 연계성(Extreme Automation and Connectivity)』에서 시사하는 바와 같이 4차 산업혁명으로의 이행은 '모든 것이 연결되고 자동화된 사회로의 진화'라고 할 수 있다(Baweja, et al., 2016; 장필성, 2017).

둘째, 4차 산업혁명은 이제 시작 단계에 있기 때문에 불확실하며, 따라서 미래의 산업구조와 사회에 대한 예측불가능으로 불안을 가져오고 있다. 이 포럼의 창립자이자 회장인 클라우스 슈밥은 "신기술의 발전과 수용을 둘러싼 엄청난 불확실성 때문에 제4차 산업혁명이 가져올 변화가 어떤 방식으로 전개될지는 아직 알 수 없다"고 말한다 (슈밥, 2016).

셋째, 4차 산업혁명의 결과는 불확실하지만, 한가지 분명한 점은 산업은 고도화되는 반면 소득 불평등과 양극화가 심화될 가능성이 크다는 점이다. 즉 노동시장의 양극화로 부자와 고급 지식노동자들은 더 많은 부를 축적할 수 있는 기회를 얻게 되어 급격한 소득 향상이 이루어지는 반면 저숙련 노동자들뿐 아니라 로봇이나 인공지능으로 대체될 수 있는 숙련 노동자들의 빈곤화도 심화될 것으로 전망된다 (Baweja, et al., 2016; 정창무, 2017).

우선 4차 산업혁명을 기술적 측면에서 보면, 초기 단계에는 인간이 가진 학습·추론·지각 능력을 인공적으로 구현하는 인공지능, 각종 사물에 센서와 통신 기능을 내장하여 인터넷에 연결하는 사물인터넷, 거대용량의 데이터에서 가치를 추출하고 결과를 분석하는 빅데이터 분석 등으로 이루어졌지만, 이로부터 확장된 다양한 기술들이 스마트 팩토리(지능형 생산시스템), 무인운송수단(자율주행 자동차, 드론) 뿐만 아니라 첨단의료, 금융, 주택, 교육, 도시 인프라 등 융복합적으로 적용되고 있다.

이러한 기술의 변화는 인간과 기계의 역할을 변화시키고 있다. 예로 광대한 부지의 아마존 물류센터에 자동화 로봇(키바)은 쉼 없이 제품을 분류·운송·적재함으로써 물류비용을 획기적으로 줄이고 생산성을 높였다. 사이버물리시스템을 통해 현실 세계와 가상 세계를 결합시킬 수 있게 됨에 따라, 멀리 떨어져 있는 의사와 환자를 연계시켜 원거리 의료서비스 제공이 가능해진다. 이러한 기술들이 지향하는 목표 또는 이상, 즉 '초자동화 및 연결성'은 산업생산성을 증대시킬 뿐 아니라 인간의 삶의 질을 높여 줄 것으로 기대된다.

그러나 이러한 인공지능기술의 발전은 우리가 예측할 수 있는 수

준을 넘어서 가속화되면서, 인간의 필요 충족과는 오히려 멀어지게 되었고, 통제불가능하게 되었다. 4차 산업혁명에 따른 기술발전에서 우려되는 점은 기술강압성(technological compulsiveness), 즉 "자동화되고 통제할 수 없는 힘"에 의해 지속적으로 확대되고 가속화되고 있으며, 이에 따라 생산되는 "제품들은 실제 인간의 필요에 의해 생산된 것이 아니라, 기술의 필요에 의해 생산되고 인간은 단순한 그러한 제품의 사용자로 전락할 수 있다는 사실"은 흔히 간과된다는 점이다(나중규·김종달, 2017, 399).

4차 산업혁명에 따라 경제활동은 생산과 유통, 소비에 이르기까지 전반적으로 영향을 받을 것이다.

생산현장(공장)에서는 인공지능, 로봇, CPS를 접목한 자동화 스마트공장이 자율적으로 제품을 생산하며, 생산력을 크게 향상시킬 것이다. 빅데이터분석을 통해 고객의 수요를 사전에 파악하여 제품의 생산과 유통이 이루어질 것이고, 이동성(모빌리티)의 증대에 따라 자본의 회전율도 빨라질 것이다. 제품의 소비는 보다 건강하고 친환경적이 되도록 관리되고, 시공간적으로 서로 나누어 사용하는 공유경제가 발달할 것으로 기대된다. 그러나 이 과정에서 자본과 기술 및 정보의 사회공간적 초집중화가 예상되기도 한다. 인공지능을 활용한 자동화 시스템을 구축할 수 있는 대기업들은 보다 효율적으로 상품을 생산하고 더 많은 이윤을 얻을 수 있지만, 이들과 경쟁하기 어려운 중소기업들은 점점더 도태하게 될 것이다.

노동은 4차 산업혁명 기술의 적용으로 일자리의 소멸과 이동, 임금, 노동방식, 계약관계, 작업환경 등에서 더 큰 변화를 겪을 것으로 우려된다. 새로운 기술개발과 관련된 경영, 컴퓨터 공학, 그리고 이러한 기술을 적용하는 서비스 직종(금융, 교육, 의료 등)에서 새로운 일자리가 만들어지겠지만, 기존의 제조업 및 사무서비스직 등에서 이보다 훨씬 많은 일자리들이 사라질 것이다. 자동화 시스템에 의한 생산으로 노동시간은 단축되겠지만, 임금은 줄어들고 실업이 급증할 것이다. 생산의 효율성을 증대시키기 위해 개발된 기술이 인간 노동을 보조하는 것이 아니라 점점 더 심각하게 대체하게 된 것이다. 4차 산업혁명에 대해 긍정적인 학자들조차 고용/실업의 양극화가 심화되고 소득과 삶의 질의 불평등이 확대될 것으로 우려한다.

경제적 관점에서 더 큰 문제는 산업의 고도화를 위해 촉발된 4차 산업혁명이 결국 경제시스템의 붕괴와 국가의 마비 사태를 초래할 수 있다는 점이다. 인공지능시스템을 활용한 제품 생산 및 유통은 노동비용을 제로화하면서 생산력을 증대시키겠지만, 정작 이렇게 생산된 제품들을 소비할 사람들은 소득 감소로 구매력을 점점 더 잃게 된다. 일자리가 감소하여 대량실업이 발생하면, 세금 수입은 급감할 것이고, 실업수당, 복지수급 등으로 세금 지출은 더 늘어날 것이다. 결국 상품 수요의 감소는 생산을 위한 미래의 투자 동력을 떨어뜨리고 결국 심각한 경제침체로 위기에 처할 수 있고, 국가 역시 재정파탄으로 붕괴 상태에 이르게 될 수 있다.

## 2) 스마트도시, 4차 산업혁명의 도시적 구현

4차 산업혁명에 따른 기술경제패러다임의 전환은 도시공간 및 사회생활에도 심대한 영향을 미칠 것으로 예상된다. 실시간 신호제어시스템, 건물에너지관리시스템, 스마트그리드, 지능형 가로망, 지능형 방범서비스, 등과 같은 다양한 스마트 기술이 도시의 계획, 관리, 운영에 적극 도입되어 도시의 일상생활에 첨단과학기술의 적용이 광범위하게 일어날 것이다. 인공지능에 따른 연결성의 강화로 도시 내 및 도시 간 교통인프라의 연계성 증대를 통해 이동성(모빌리티)을 효율화시키고, 정보와 자원 공유를 촉진하며, 스마트 홈 구축을 통해 도시인의 삶의 질을 높이고, 에너지 및 환경 개선을 통해 도시의 지속가능한 발전을 촉진할 것으로 기대된다.

이와 같이 인공정보기술이 적용될 수 있는 중요한 영역으로 도시가 부각되며, 이러한 도시 모형을 지칭하기 위해 '스마트도시'라는 용어가 사용된다. 우리나라에서도 기존의 유비쿼터스도시 개념의 연장선 상에서 스마트도시 개념이 발달했고, 이를 활용한 도시 계획에 대한 관심이 증대하면서, 2019년 정부는 <제3차 스마트도시 종합계획, 2019~2023>을 수립했다. 이 계획에서 스마트시티는 "도시에 ICT(정보통신기술), 빅데이터 등 신기술을 접목하여 각종 도시문제를 해결하고, 삶의 질을 개선할 수 있는 도시 모델"로 정의되고, "다양한 혁신기술을 도시 인프라와 결합해 구현하고 융복합할 수 있는 공간"을 구축하기 위한 '도시 플랫폼'으로 간주된다(국토교통부, 2019).

정부는 이러한 스마트시티의 구축이 빅데이터·인공지능 등 지능형 기반(인프라)과 자율차·드론 등 혁신기술을 적용하여 도시의 교통·에너지·환경 등 파급효과가 큰 미래 신성장동력으로 육성할 수 있으며, 또한 정보통신기술을 활용하여 산적한 도시문제들을 해결하고 삶의 질을 높이는 정책이 될 것으로 기대한다. 이런 취지로 정부는 2018년 세계 스마트시티 선도모델로 국가시범도시 2곳(세종 생활권과 부산 에코델타시티)을 선정했고, 재정투자를 확충하는 한편 규제완화를 촉진하였고 또한 지방자치단체들의 참여를 활성화하여 2019년 6월 당시 전국 78개 지자체가 이 사업에 참여하게 되었다. 그 이후 코로나 팬데믹과 정권의 교체로 다소 주춤한 상태이지만, 스마트시티 계획이 실제 어느 정도 구현되었는지는 불확실하다.

4차 산업혁명과 이를 구현하기 위한 스마트시티 구축 계획은 도시 공간 및 사회에 지대한 영향을 미칠 것이다. 도시에 미칠 가장 주요한 변화 동인은 인공지능에 의한 자동화와 초연결망이다. 스마트시티에서 생산-유통-소비로 이어지는 경제활동은 효율적이고 자동적으로 연계되어 관리되고, 자율주행운송수단의 발달과 스마트 파킹과 신호체계 등 교통의 자율화가 촉진되고, 자원, 에너지, 환경 등의 이용과 관리서비스도 기술적으로 스마트해 질 것이다. 독거노인의 토탈 케어와 장애인의 이동성이 보장되고, 범죄, 재난 등에 대한 대응체계도 개선될 것이다. 요컨대 4차 산업혁명에 따른 지능정보기술은 도시의 혁신성장 동력이 될 뿐 아니라 도시공간을 효율적으로 재편함으로써 도시인들의 삶의 질을 높혀줄 것으로 인식되고 있다.

그러나 4차 산업혁명과 스마트도시는 모형화된 인식체계와는 달리 실제 그렇지 않을 것이라는 점이다. 정부가 스마트시티 7대 혁신변화로 첫 번째 제시한 '가치지향'은 '기술중심'에서 '미래가치 지향의 사람 중심'으로 바뀔 것이라고 지적한다. 스마트시티에 관한 모든 논의들은 공통적으로 '사람 중심', '삶의 질 향상'을 강조한다. 누가 이 말을 믿겠는가? 스마트시티는 도시문제를 보다 효율적이고 체감할 수 있도록 해결할 것임을 천명하지만, 도시공간은 자동화된 연계성으로 오히려 구체성을 더욱 상실하고, 모든 것이 인공지능 기술에 의해 통제, 관리되고 빅데이터 분석으로 개별성을 찾아보기 어려운 추상공간으로 전환하고 있다. 또한 스마트도시 계획을 포함하여 도시공간계획은 신기술을 장악한 공급자나 이를 관리할 수 있는 공권력을 가진 공공기관에 의해 더욱 주도될 것으로 우려된다(표 2).

[표 2] 스마트시티 7대 혁신 변화

|  | 현상황(As-is) | 전망(To-be) |
|---|---|---|
| 가치지향 | 기술중심 | 미래가치 지향의 사람 중심 도시 |
| 성장전략 | 단순 도시개발/관리 | 혁신성장 동력 육성 도시 |
| 문제해결 | 확장/인프라 | 효율/서비스 중심 체감형 도시 |
| 접근전략 | 획일적 접근 | 공간/기술/주체별 맞춤형 도시 |
| 지속가능성 | 단편/일회성 | 플랫폼으로서 지속가능한 도시 |
| 개방성 | 공급자/공공주도 | 수요자/민간참여의 열린 도시 |
| 융합/협업 | 개별부처, 기술 | 정책/사업/기술 융합, 연계형 도시 |

출처: 국토교 2019, 제3차 스마트도시종합계획 2019~2023.

거대 정보와 신기술이 대기업을 중심으로 집중하는 것처럼, 이들이 입지한 대도시들은 더욱 성장하게 될 것이고, 그렇지 않은 도시와 지역(국가)들간 공간적 불균등은 더욱 심화될 것이다. 3차 산업혁명을 선도하는 정보통신산업이 대부분 선진국들에 집중되어 있고, 이로 인해 산업화 격차에 더하여 정보화 격차가 발생하는 이중 격차를 만들어 내었고, 그 연장선 상에서 이러한 격차는 인공지능 기술을 장악한 선진국들이 주도하는 4차 산업혁명 과정에서 더욱 증폭될 것이다. 이러한 점은 2016년 다소보포럼 보고서에서도 지적되고 있다. 즉 제4차 산업혁명으로 개도국에 흩어져 있던 선진국의 하청공장들은 다시 선진국으로 회귀하여, 노동시장 분화에 따른 국제교역의 이점이 사라지고, 이로 인해 국제교역에 따른 개도국의 경제성장 촉진 효과는 점차 감소할 것으로 추정된다. 국내적 상황에서도 글로벌 국가 경쟁력 강화라는 목표로 중앙정부와 대기업이 중심이 된 권력구조 하에서 지방과 중소기업, 지역 주민들의 이해관계는 중요하지 않게 된다.

4차 산업혁명이 도시에서 살아가는 사람들의 삶을 진정하게 향상시킬 수 있을까? 생산현장에서 노동을 기술로 대체하면서 노동의 가치를 박탈하는 것처럼, 도시의 일상생활에서 이루어지는 다양하고 구체적인 활동들도 기술에 의해 점점 더 지배될 것이다. 3차 산업혁명으로 컴퓨터와 휴대폰이 인간의 생활을 좀더 편리하게 한 것처럼, 4차 산업혁명으로 사람과 사물들을 연결하는 사물인터넷, 운전자 없이 자율로 주행하는 자동차, 인공지능과 빅데이터를 활용한 스마트

의료 체계 등은 생활을 좀더 편안하게 해 줄 것이다. 그러나 이러한 기술 발달과 기계 이용이 인간 생활 전반에 파급될수록, 일상생활은 이들에 지배되면서, 여가생활의 실질적인 즐거움은 오히려 박탈될 수 있다.

이처럼 스마트시티 계획을 통해 관련 기술을 활용한 새로운 정보 기술 인프라와 네트워크의 구축이 이의 활용이 실질적으로 도시인의 삶의 질을 개선할 것인가의 여부는 제쳐 놓더라도, 4차 산업혁명은 도시인들의 행동양식이나 정체성에 큰 변화를 초래할 것이다. 예로 대화형 로봇(챗 GPT)은 일상생활에서 고립된 개인들의 대화 상대가 될 수 있다. 챗봇이 가지는 기술적 한계(예로 최신 정보를 이용하지 못하거나 검증되지 않거나 잘못된 정보의 인용, 학습 보고서나 연구 성과물의 표절 또는 조작 등)는 앞으로 점점 더 개선될 것이고, 이를 스스로 통제하는 방향으로 진화할 것이다. 그러나 챗봇은 진화하면 할수록, 인간의 형식화된 지식을 넘어서 감성과 성찰적 사유의 영역으로 확장될 수 있다. 그렇게 된다면 미래에는 인간의 행동뿐 아니라 인간의 의식이나 생각, 심지어 인간의 삶의 목표까지 인공지능이 만들어주고, 이에 의존하게 될 것이다. 이로 인해 궁극적으로 인간의 자율성 자체가 상실되고 인간의 자유의지가 소멸되는 상황으로 나아갈 수 있을 것이다.

## 4. 4차 산업혁명에서 도시혁명으로

### 1) 도시혁명이란 무엇인가?

4차 산업혁명을 추동하는 인공지능기술로 자동화와 연계성이 극단적 상황(즉 100%)으로 나아가고, 투입되는 에너지의 밀도도 핵융화 기술로 완전한(그러나 극도로 위험한) 상태에 달한 것처럼 보인다. 이러한 4차 산업혁명의 영향으로 산업구조는 고도화되고 생산의 효율성은 인간 노동을 완전히 배제할 정도로 최고화되고, 도시화는 완전히 달성된 것처럼 보인다. 그러나 이로 인해 노동의 유연화와 소득의 불평등이 극심해지고, 실업과 구매력의 위축으로 이어지면서, 경제시스템의 붕괴가 우려되고 있다. 또한 4차 산업혁명의 영향으로, 도시 공간이 점점 더 기술에 의해 지배되면서 양극화가 심화됨에 따라 사람들의 삶이 향상되기보다는 오히려 점점 더 빈곤화, 황폐화되고, 도시인들은 자신의 정체성과 자율성을 상실하게 되는 소외화, 추상화를 겪게 되는 상황으로 치닫고 있다(최병두, 2018).

사실 4차 산업혁명에 따른 문제점들은 그 동안 많이 논의되어 왔다. 예로 4차 산업혁명을 제안하고 관련 논의를 선도하고 있는 슈밥은 "제4차 산업혁명이 주는 기회가 강렬한 만큼 그것이 불러올 문제점 역시 벅차고 무겁다"는 점을 인정한다. 하지만 그는 이러한 문제를 해결하기 위하여 "초연결사회가 구축할 높은 상호연결성을 통해 우리는 더욱 긴밀히 협력하고 소통해나가며 시대의 변화를 공유하고 또 같이 만들어가야 할 것"임을 제안한다(슈밥, 2016, 258). 그러나 이 제안은 '초연결사회가 구축할 높은 상호연결성'이 아무리 발달한다고 할지라도, 역사적 현상을 보는 우리의 관점 또는 인식체계가 바뀌지 않는다면, 긴밀한 협력과 소통의 진정성이 보장될 수 없고, 따라서 시대 변화의 공유와 실천이 어렵거나 아무런 효과를 가질 수 없다는 점을 간과하고 있다.

그 동안 전개된 산업혁명과 이에 따른 산업화와 도시화를 돌이켜보면, 이를 추동한 힘은 기술 - 에너지 - 경제 시스템이었음을 알 수 있다. 기술은 인공지능에 기반한 완전 자동화로, 에너지는 밀도의 최적화로 나아가는 경향이 있지만, 기술 그 자체는 중립적이고 이러한 기술의 힘이 어떻게 사용될 것인가는 또 다른 문제라고 할 수 있다. 산업혁명 또는 산업화의 관점에서 이러한 기술 - 에너지 변화를 보면, 이러한 변화가 산업과 경제에 어떤 영향을 미쳤는가에 우선 관심을 가지게 될 것이다. 그러나 이러한 기술 - 에너지의 변화를 인간(노동)과 일상적 삶이 영위되는 도시화와 이를 조건지우는 환경, 즉 노동 - 도시(삶의 터전) - 자연환경의 관점에서 보면 또 다른 의미를 가질 수 있다. 바로 이러한 점에서 산업혁명이라는 관점에서 도시혁명이라는 관점으로 전환이 요구된다.

도시혁명이란 프랑스 철학자이며 도시학자인 앙리 르페브르에 의해 제시된 용어로, "성장과 산업화에 대한 이슈가 지배적이었던 때부터 도시적 문제의식이 지배적이게 된 시기에 이를 때까지의 오랜 기

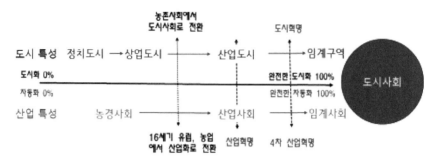

[그림 2] 산업화와 도시화의 역사적 과정: 4차 산업혁명 또는 도시혁명
출처: Lefebvre, 2003, 15 및 100에서 대폭 수정

간 지속된 현대사회에 영향을 준 변화"를 의미한다(Lefebvre, 2003, 5). 즉 도시혁명은 도시에서 현재 지배적인 경제시스템이나 정치 권력을 전복시키기 위해 발생하는 급진적 행동이나 급격한 변화가 아니라, '산업혁명'과 같이 우리의 삶과 사회공간 전반에 변화를 추동하는 장기적 과정을 뜻한다(박배균, 2020, 155). <그림 2>에서 제시된 것처럼, 르페브르에 의하면, 정치도시와 상업도시의 시기를 지나, 산업도시가 등장하는 시점에 농업(농촌)사회에서 도시사회로 전환이 이루어지는 도시혁명이 시작되었고, 도시혁명이 심화되어 도시화가 어떤 임계지점을 지나게 되면 도시사회가 전면화될 것이라고 예상된다. 요컨대 산업혁명이 산업화의 단계적 고도화 과정을 의미한다면, 도시혁명이란 도시화의 역사적 발전을 의미한다.

산업혁명이라는 개념에 바탕을 두고 산업화를 중심으로 사회의 변화를 설명하던 기존 논의 방식과는 달리, 도시혁명 또는 도시화에 초점을 두는 관점은 산업화보다 도시화가 우리가 경험하고 있고 또 앞으로 겪을 사회공간적 변화의 핵심적 내용임을 강조한다(박배균, 2020). 이러한 관점에서 보면, 도시화는 기술혁신과 자본주의적 산업화가 전개되는 공간적 배경이 아니라 이를 추동한 결정적 힘으로 이해된다. 즉 "도시화는 산업화가 고도로 발전하여 출현하는 것이 아니라, 오히려 산업화가 도시화의 한 특별한 유형"이라는 점이 강조된다(Merrifield, 2013, 911). 사실 새로운 기술 혁신은 어떤 계기에 갑자기 주어지는 것이 아니라 기존 기술의 축적과 인간의 창의력이 결합한 곳에서 경로의존적으로 이루어진다. 이러한 점은 지역혁신이론뿐 아니라 플로리다(2008)의 창조도시론, 즉 창조경제를 위하여 먼저 창조적 지식인이 활동하는 창조도시의 구축이 필요하다는 주장에서도 확인된다(최병두, 2014).

이처럼 도시는 역사적으로 물리적 기술혁신의 기반이었을 뿐 아니라 인구의 집결지로서 노동력을 공급하고 또한 이러한 공급이 원활하도록 노동의 재생산이 이루어지는 곳이다. 이에 따라 세계적으로 도시인구수는 급속히 증가하여 오늘날 선진국의 도시화율은 80~90%에 달하게 되었고, 인구 수백만명 또는 천만명 이상의 도시들이 발달하면서 개별 국가 단위가 아니라 세계적 차원에서 도시화가 진행되는 이른바 '행성적 도시화'가 이루어지고 있다. 이러한 도시화는 초기 농촌사회로부터 분리된 도시사회의 발달과 더불어 농업과 제조업의 공간적 분화를 가져왔고, 그 이후에도 공간적 분업체계를 발달시킴으로써 산업화를 촉진하는 원동력이 되었다. 또한 이러한 도시사회의 발달은 산업화에 주도적 역할을 한 부르주아계급의 발달에 중요한 정치적 토양과 길드와 같은 사회조직을 제공했다. 요컨대 "도시화는 산업화의 논리가 성장하는 온상"이었다(Marrifield, 2013; 911).

도시화 또는 도시사회가 강조되는 또 다른 이유는 기존의 논의들이 산업화 및 산업사회에 초점을 둠에 따라 노동의 문제, 도시의 문제를 무시하거나 간과했기 때문이다. 예컨대 이른바 탈산업화, 탈(또는 후기)산업사회로의 전환이 노동(운동)의 제도화와 복지 확충을 통해 노동의 소외 문제를 해소한 것처럼 보이도록 하지만, 실제 생산현장에서 노동의 소외뿐 아니라 도시의 일상생활에서 소외는 더욱 광범위하게 만연되고 있다(최병두, 2018; 2023). 이처럼 산업화 시대에 형성된 학문적, 법·제도적, 이데올로기적 관성이 너무 강하여, 실제 잠재하거나 새롭게 등장하는 노동문제, 도시문제들은 제대로 이슈화하지 않고 있다. 뿐만 아니라 기존의 산업혁명, 산업화 관점으로는 인공지능 기술에 따른 초자동화와 초연결성이 산업구조를 어떻게 변모시킬지는 대체로 명확한 반면, 인간과 산업이 초집중한 도시 공간에 어떤 영향을 미치면서 새로운 도시사회로의 전환을 유도할지는 예측 불가능하기 때문에, 앞으로 전개될 도시사회에 대한 직접적인 논의가 절실히 필요하다고 하겠다.

## 2) 도시사회 발전의 갈림길

우리는 오늘날 인공지능기술의 발달로 초자동화와 연결성의 사회,

그리고 이에 따른 인구와 산업의 초집중으로 행성적 도시화가 진행되는 사회, 즉 100%의 자동화와 100%의 도시화로 나아가는 임계 상황에 도달했다. 달리 말해, 그동안 가속적으로 진행되어 온 도시화와 산업화가 수렴하여 '도시사회'로 나아가는 모멘텀(여러 측면의 사회공간적 전환에서 작동하는 힘 또는 경향)이 폭발적으로 작동하는 상황에 처해 있다. 우리는 과학기술의 발전이 가지는 진보적 잠재력을 전적으로 거부할 수는 없겠지만, 이것이 초래할 잠재적 파괴력을 간과해서도 안될 것이다. 이러한 점에서 우리는 오늘날 작동하는 사회공간적 힘들이 어떻게 도시사회로의 발전에 기여할 것인가를 놓고 서로 다른 길로 갈 수 있는 갈림길에 서 있다고 할 수 있다. 이러한 갈림길에서 우리가 어떤 쪽을 택할 것인가는 더 이상 기술적 힘이나 외적 구조적 힘(자본의 힘이나 정치 권력)에 맡길 것이 아니라 우리 스스로가 판단하고 실천할 수 있어야 할 것이다. 이러한 점에서 우리는 도시사회로의 전환을 위한 갈림길에서 몇 가지 주요 모멘텀들을 살펴 볼 수 있다.

첫째, 행위(작동)의 자동화 양식의 문제: 기술적 자율인가, 인간적 자율인가? 인공지능과 로보틱스 등 기술의 진보로 사회경제적 행위 또는 작동양식은 완전 자동화에 근접하고 있다. 자동화는 산업 생산에서 공장 및 공정의 자동화뿐 아니라 사회 전반에 점점 더 광범위하게 활용되고 있다. 대표적인 사례가 운전자 또는 승객의 조작 없이 스스로 작동하는 자율주행자동차이다. 스마트 홈이라고 불리는 가정

| 전환 모멘텀 | | 도시사회 발전의 갈림길 | | 도시사회 지향 |
|---|---|---|---|---|
| 행위(작동)의 자동화 양식 | 기능적 자율인가 | | 인간적 자율인가 | 자율도시 |
| 의사소통과 교류 방식 | 사이버 소통인가 | | 만남, 마주침 소통인가 | 소통도시 |
| 경제적 부의 분배와 이용 | 개인적 전유인가 | | 사회적 공유인가 | 공유도시 |
| 생활양식과 정체성 | 획일적 예속인가 | | 상이한 개성인가 | 차이도시 |
| 사회공간적 연결 형태 | 위계적 연결인가 | | 수평적 연결인가 | 연결도시 |
| 자연환경의 이용과 관계 | 고밀도 지배인가 | | 저밀도 공생인가 | 생태도시 |

[그림 3] 전환 모멘텀에서 도시사회 발전의 갈림길

자동화는 스마트기술로 모니터링되고 제어되는 사물인터넷의 중요한 구성요소가 되고 있다. 이러한 자율자동차나 스마트홈은 생활의 편의성을 높혀주고 더 많은 여가시간을 가질 수 있도록 할 것으로 기대된다. 그러나 생산 및 생활 영역에서 이러한 기술적 자동화(또는 기능적 자율성)가 인간 생활과 사회 구성의 자율성을 높혀 줄 것인가는 서로 관계가 없거나 오히려 대립되는 관계에 있다고 할 수 있다. 인간의 자율성이 인공지능의 자율성을 통제하거나 공존할 수 있는 인공지능 관리 거버넌스를 구축하고, 인공지능의 위험성을 적절한 수준에서 통제하면서 또한 인간적 자율성을 고양시킬 수 있는 방안이 모색되어야 한다(박도익, 2019).

둘째, 의사소통과 교류방식의 문제: 사이버 소통인가, 사회적 소통인가? 인공지능기술의 진화에 따른 자동화와 연결성의 극단적 발달은 우리의 소통과 교류의 방식을 바꿀 것이다. 초연결성은 물론 단순히 사람들 간 상호행동뿐 아니라 자본, 원료와 제품, 에너지, 사람, 정보 등의 순환과 더불어 권력 관계(갈등, 긴장, 협력) 등 다양한 관계들의 형성과 관련된다. 이에 따라, 카스텔(2001)이 주장한 바와 같이, '장소의 공간'에서 '흐름의 공간'으로 전환은 더욱 촉진될 것이다. 그러나 여기서 우선 고려될 점은 이 과정에서 사람들 간 만남과 마주침이 어떻게 이루어지며, 이를 통해 어떤 주체가 형성되고 어떤 실천이 실행될 것인가라는 점이다. 사람들 간 그리고 사람과 사물들 간 연결의 범위와 강도는 급상승하지만, 사이버 접속과 연결이 단순한 정보의 전달이나 광고, 또는 게임 탐닉, 사이버범죄, 권력의 감시 도구 등에 이용된다면, 이러한 발전은 불필요한 것이다. 도시의 근거리 대면적 접촉과 사회적 교류가 사이버 연계성에 의해 더욱 촉진되고, 진정한 의사소통과 이를 통한 합의와 협력 증진, 그리고 도시사회가 당면한 문제들을 해결하거나 나아갈 목표를 실천하는 방식으로 나아가야 할 것이다.

셋째, 경제적 부의 분배와 이용의 문제: 개인적 전유인가, 사회적 공유인가? 자동화 기술의 적용은 생산의 효율성 증대를 통해 엄청난 경제적 부의 창출에 기여할 것으로 기대된다. 그러나 이러한 자동화에 의해 창출된 경제적 부가 사회적으로 분배되거나 재투자되지 않고, 소수 대기업이나 자본에 의해 전유된다면 별 의미가 없을 것이다. 사실 자동화 기술혁신은 리프킨(2014)이 주장한 바와 같이 생산에 필요한 한계비용을 제로 수준으로 저감시키기 때문에, 일정량 이상 생산된 제품은 기업이나 자본의 몫으로 보기 어렵고, 따라서 사회적으로 배분되어야 한다. 뿐만 아니라 지속가능한 경제성장에 필요한 구매력의 확보를 위해서도 기본소득과 같은 사회적 재분배 정책이 필요하다. 즉 생산과 소유보다는 분배와 이용이 우선 고려되어야 한다. 다른 한편 IT기술과 SNS의 발달로 모바일 플랫폼 기술이 사회경제 전반에 확산되면서, 이를 활용한 공유경제의 개념이 관심을 끌고 있다. 특히 공유경제의 주요 영역은 도시의 공간 활동이다. 디지털기술과 인터넷의 활용을 통해, 예로 주거, 업무, 주차, 공공, 서비스, 유휴농경지 등 거의 모든 공간들이 사회적으로 공유될 수 있다.

넷째, 생활양식과 정체성의 문제: 획일적 예속인가, 인간적 정체성인가? 인공지능은 수리적 능력이 인간보다 훨씬 탁월할 뿐 아니라 앞으로 인간의 이성적 사유나 감성의 영역까지 들어올 것으로 추정된다. 그동안 인간에 의해 통제된다고 생각했던 기술이 오히려 인간의 일상적 생활뿐 아니라 의식까지 지배할 수 있게 된 것이다. 이에 따라 한편으로 인공지능기술과 관련된 많은 용어나 개념들, 그리고 실행방식에 대한 교육이 이루어지고 있고 다른 한편으로는 인간의 주체적 삶의 양식과 창의력을 향상시키기 위한 교육이 강조되고 있다. 전자의 관점에서 컴퓨팅 사고력(computation thinking)을 향상시키기 위한 컴퓨터 언어와 프로그래밍, 사물인터넷을 통한 가상세계와 현실 세계의 결합, 빅데이터의 생활화, 딥러닝(인공신경망을 잇는 기계학습법), 인공지능 로봇과의 협업능력 등이 강조된다. 물론 이러한 능력의 향상도 중요하지만, 이러한 교육에 매몰될 때 기술적 합리성 또는 사고의 획일화가 초래되고, 인간의 주체성은 점점더 상실될 것이다. 이러한 점에서 인간의 고유하게 가지는 개별적 능력을 함양하고 정체성을 고양시킬 수 있는 윤리적 판단과 도덕적 공감, 그리고 인간의 내면세계를 중시하고 계발할 수 있는 교육과 일상생활이 중요하다.

다섯째, 사회공간적 연결 형식의 문제: 위계형 연결인가, 네트워크형 연결인가? 인공지능기술, 빅데이터 정보 등은 대기업들에 집중될 뿐 아니라 이들이 입지하는 세계적 거대도시들에 더욱 집적될 것이다. 즉 제3차 산업혁명 시기 진행된 지구화 과정은 세계의 도시들을 위계적(계층적)으로 연계하는 방식으로 세계도시체계를 구축했다. 초연계성의 세계적 정보통신체계는 이러한 위계적 세계도시체계를 더욱 강화하고, 국가간, 도시간 격차를 심화시킬 것으로 추정된다. 그러나 인공지능기술에 따른 초 연결성은 일극 집중적, 위계적 도시체계만이 아니라 도시별로 특화된 산업이 분산적으로 입지하고 이들을 네트워크로 연계하여 공간분업의 효율성을 증대시키는 한편, 개별 도시들은 자율적으로 시민들의 삶의 질을 향상시킬 수 있는 방안을 모색하는데도 기여할 수 있을 것이다. 도시계획가들이 제시하는 스마트 도시는 유토피아적 청사진에 불과한 것처럼 보이지만, 인공지능과 빅데이터 기술을 바탕으로 수평적 네트워크를 구축하고 연대와 협력을 활성화하며, 플랫폼 기반 지식과 자원 등을 공유함으로써 삶의 질 향상과 도시 발전에 기여할 것이라는 주장은 완전히 틀린 것은 아니라고 할 수 있다.

여섯째, 환경 자연의 이용과 관계: 고밀도 지배인가, 저밀도 공생인가? 역사적으로 주요 에너지원이 석탄, 석유, 그리고 원자력으로 전환한 것은 에너지 공급의 양적 증대와 규칙화 그리고 에너지 밀도의 고도화를 촉진하는 기술의 발전과 관련되며, 단계별로 산업화와 도시화를 특징지었을 뿐 아니라, 사회정치 구조의 변화에도 지대한 영향을 미쳤다. 예로, 전기에너지의 생산과 공급은 발전소, 송전탑 등의 대규모 인프라를 필요로 했고, 이에 따라 전력시스템의 구축과 관리를 위한 중앙집중적 권력체계를 정당화했다. 오늘날 원자력 발전은 더욱 그러하다. 특히 에너지원이 고밀화될수록 인간에 대한 위험은 더욱 커지고, 전기자동차가 친환경적이라는 주장은 설득력이 없어진다. 또한 도시화, 산업화 과정에서 이러한 에너지 및 자원들의 투입 증대는 자연의 파괴와 자원 고갈, 기후변화와 같은 환경위기를 초래하게 되었다. 이로 인해 그동안 재생가능에너지로의 전환이 논의되고 점진적으로 추진되기도 했지만, 코로나 팬데믹과 같은 생태위기를 겪었음에도 불구하고 우리 사회는 다시 화석에너지와 원자력 의존적인 에너지 체계로 되돌아가고 있다. 최근 '인류세' 담론에서 논의되고 있는 것처럼, 인간은 오늘날 지질학적 차원의 대전환을 맞고 있다. 우리는 위험을 무릅쓰고 고밀도 에너지를 이용하면서 자연을 계속 지배할 수 있을 것인가, 아니면 에너지 효율성이 다소 낮더라도 저밀도 에너지를 이용하면서 자연과 공생적 관계로 발전할 것인가의 갈림길에 서 있다.

## 5. 도시에 대한 권리를 위하여

오늘날 우리는 고도로 발달한 과학기술의 시대에 살고 있음에도 불구하고, 역설적으로 4차 산업혁명에 대한 거의 모든 (긍정적이든 부정적이든지 간에) 학자들과 정책가들은 우리의 미래가 예측불가능할 정도로 불확실하다는 점을 인정하고 이에 대비해야 한다는 점을 강조한다. 그러나 사실 인공지능기술의 발달에 기반한 산업화가 어떤 방향으로 진전될 것인가 논하기란 그렇게 어렵지 않다. 실제 불명확한 점은 이러한 대전환을 통해 도래할 우리의 삶과 그 삶이 영위되는 도시공간이 어떻게 변화할 것인가라는 점이다.

우리는 도시사회로 나아가는 도시혁명의 전환기에 나타난 갈림길에 서 있다. 우리가 어느 쪽을 택할 것인가는 우리가 도시를 어떻게 이해하고, 또한 도래할 도시사회에 대해 어떤 권리를 가지고 이를 실천할 것인가에 달려 있다고 하겠다. 이를 위해 르페브르는 도시혁명의 개념과 함께 '도시에 대한 권리'의 개념도 제안했다. 도시는 개발업자나 기업들이 만들어낸 각종 구조물들(건조환경)로 구성된 것처럼 보이지만, 이들은 단지 이를 통해 이윤을 취했을 뿐이고, 실제 도시를 만든 주체는 도시에서 살아가는 사람들이라고 할 수 있다. 즉 도시는 도시인들이 집합적으로 만들어낸 삶의 터전이며, 따라서 당연히 도시가 앞으로 나아갈 방향에 대해 논의하고 이를 실천할 권리를 가진다고 할 수 있다.

르페브르에 의하면, "도시에 대한 권리는 … 도시 생활에 대한 권리, 부활된 도시중심성에 대한 권리, 만남과 교류의 장소에 대한 권리, 생활 리듬과 시간 사용에 대한 권리, 완전하고 완벽한 시간과 장소의 사용을 가능하게 하는 권리" 등으로 이루어진다(Lefebvre, 1996, 66-67). 도시는 도시인들이 살아가면서 공유재를 생산하는 장이며, 따라서 도시에 대한 권리는 도시인들이 공동으로 생산한 공유재에 대한 집단적 권리라고 규정된다(하비, 204, 56). 르페브르가 『도시혁명』에서 제시한 대안적 도시공간 전략은 결코 어렵지 않지만 적극적인 실천을 요구한다. 이를 간략히 요약하면, 첫째, 도시 문제를 인식하고 이를 일상생활에서 확인하고 담론화하기; 둘째, 자신과 관련된 문제들에 자기관리의 형태로 대응하기 위한 실천 프로그램 개발하기; 셋째, 도시에 대한 권리(도시공간의 재편에서 배제되지 않을 권리)를 요구하고 실행하기이다.

우리는 현재 진행되는 도시혁명(또는 4차 산업혁명) 과정에서 우리가 요구하고 실현할 도시에 대한 권리는 인공지능기술에 의해 지배되는 기능적 자율성보다 인간적 자율성을 우선할 권리, 초연계성에 기반한 사이버 소통이 대면적 만남과 마주침, 소통과 교류에 기여하도록 할 권리, 경제적 부의 사적 소유보다 공동사용을 요구할 권리, 인공지능기술에 획일적으로 예속되기보다 상이한 정체성을 함양하는 교육과 생활에 대한 권리, 사회공간적으로 위계적 연결이 아니라 수평적 연결을 위해 정보통신네트워크를 이용할 권리, 고밀도 에너지의 이용과 자연의 지배가 아니라 저밀도 에너지의 이용과 자연과의 공생을 추구할 권리 등을 포함할 것이다. 인공지능기술의 진화는 도시사회에 이중적으로 영향을 줄 수 있다. 도시사회의 미래는 불명확하게 아직 결정되어 있지 않고, 우리 도시인들이 도시에 대한 권리를 어떻게 요구하고 실천하는가에 달려 있다고 하겠다.

# 참고문헌

관계부처 합동(2017), 제4차 산업혁명에 대응한 지능정보사회 중장기 종합대책.

국토교통부(2019), 제3차 스마트도시 종합계획: 2019~2023.

김수진(2017), 르페브르의 도시혁명에 나타난 구체적 추상, 한국프랑스학논집, 98, 65-88.

나중규·김종달(2017), 4차 산업혁명 논의의 비판적 고찰: 루이스 멈포드의 제도론의 관점에서, 사회과학연구, 56(2), 389-419.

박도익(2019), 인공지능과 자율성의 역학관계, 홍익법학, 20(3), 501-538.

박배균(2020), 스마트 도시론의 급진적 재구성: 르페브르의 '도시혁명'론을 바탕으로, 공간과 사회, 30(2), 141-171.

송경진 역(2016), 클라우스 슈밥의 제4차 산업혁명, 슈밥·클라우스 저, 새로운현재.

안진환 역(2014), 한계비용 제로사회: 사물인터넷과 공유경제의 부상, 리프킨·제레미 저, 민음사.

이원호·이종호·서민철 역(2008), 도시와 창조계급, 플로리다 저, 푸른길.

장필성(2017), '초연결사회', 기계 자동화 넘어선 기계 자치시대 예고, 나라경제(KDI 경제정보센터, 2017년 1월호).

정창무(2017), 제4차 산업혁명 시대의 도시구조 변화 전망과 정책과제, 국토, 424(2월호), 11-16.

최병두 역(2001), 정보도시, 카스텔·마뉴엘 저, 한울

최병두(2014), 창조도시와 창조계급: 개념적 논제들과 비판, 한국지역지리학회지, 20(1), 49-69.

최병두(2018), 르페브르의 일상생활 비판과 도시, 공간적 소외, 대한지리학회지, 53(2), 149-172.

최병두(2023), 도시소외와 공간정의, 한울.

한상연 역(2014), 반란의 도시, 하비·데이비드 저, 에이도스.

Baweja,B., Donovan, P. et al(2016), *Extreme automation and connectivity: The global, regional, and investment implications of the Fourth Industrial Revolution* (UBS White Paper for the World Economic Forum(WEF),

Annual Meeting 2016).

Charmock,G., March,H., and Ribera-Fumaz(2019), *From smart to rebel city? Worlding, provincialising and the Barcelona Model, Urban Studies*, 58(3).

Gali,,M. and Schuilenburg, M.,(2021), *Reclaiming the smart city; toward a new right to the city, in In J. C. Augusto (ed.), Handbook of Smart Cities, Springer Nature Switzerland* AG. 1-18

Kuecker,G.D. and Hartley, K(2019), *How smart cities became the urban norm: power and knowledge in New Songdo City, Annuals of the American Association of Geographers,* 110(2), 516-524.

Lefebvre, H(1996), Writings on Cities, Blackwell.

Lefebvre, H(2003), The Urban Revolution, Univ. of Minnesota Press.

Lim, Y. Edelenbos, J. and Gianoli, A(2023), Dynamics in the governance of smart cities: insights from South Korean smart cities, *International Journal of Urban Sciences,* 27(1), 183-205.

Merrifield, A(2013), The Urban question under planetary urbanization, *International Journal of Urban and Regional Research,* 37(3), 909-922.

World Economic Forum(2023), Future of Jobs Report 2023. https://www3. weforum.org/docs/WEF_Future_of_Jobs_2023.pdf.

# 제3장
## 국가주의 너머: 도시혁명과 지역학

김영철*

## 1. 도시혁명

　도시혁명은 탈국가주의를 지향한다. 20세기 한국 사회에서 가장 중요한 이데올르기는 국가주의였다. 한국 사회의 국가주의는 파시즘의 광기를 머금었다. 도시혁명은 20세기 한국 사회의 국가주의를 가로질러 뛰어넘는 탈주선이다.

　도시혁명(urban revolution)의 개념을 새롭게 해석한 것은 르페브르이다(Lefebvre, 2003). 르페브르는 도시혁명을 역사에서 관찰되는 정치적 혁명처럼 하나의 사건이 아니라 이른바 '산업혁명'과 같이 인류 사회의 전반적인 변화를 초래하는 장기간의 과정으로 이해한다. 도시혁명은 산업혁명이 고도화되어 다음 단계에서 나타나는 것이 아니라, 장기 지속적인 도시혁명의 흐름 속에서 산업혁명은 도시혁명의

* 계명대학교 경제금융학과 교수

하나의 특별한 유형으로 나타난다. 현재 인류 사회가 당면하고 있는 위기는 무분별한 산업혁명의 결과이기보다는 산업혁명이 초래한 지속불가능성의 문제를 도시적 관점에서 제대로 대응하지 못한 결과이다. 21세기의 도시혁명은 산업혁명이 초래한 다양한 형태의 교착을 해결하는 것을 목적으로 한다.

도시혁명을 논의하면서, 르페브르는 도시를 구획된 공간적 단위, 즉 city가 아니라, 도시혁명을 통해서 새롭게 생성되는 '도시적인 것', 즉 the urban으로 이해하여야 한다고 주장한다.[1] 이에 따르면 전통적 의미의 도시가 단단하고 구체적인 실체로 존재하였다고 한다면, 도시혁명을 통해 달성하는 '도시적인 것'은 끊임없이 생성되는 유동적인 성격을 띤다. '도시적인 것'의 순수한 형태로서 도시는 만남, 마주침, 동시성의 장소이다. 메리필드는 '도시적인 것'이 도시 안에서 떠다니고 있는 상품, 자본, 화폐, 사람, 정보 등의 만남과 마주침을 통해 역동적으로 변화하는 것이기 때문에 도시는 이러한 만남과 마주침을 벗어나서 도시 자체만으로는 아무것도 아니며, 어떤 목적에도 봉사하지 않고, 어떠한 객관적인 형태도 가지지 않는다고 말한다(Marrifield 2013, 박배균 2020).

---

[1] 여기에서 언급되는 '도시적인 것(the urban)'은 칼 폴라니(1944)의 '사회적인 것 (the social)'과 오스트롬(2010)과 네그리와 하트(2014) 등의 '공유적인 것 (the common)'과 많은 점에서 개념적으로 겹친다고 할 수 있다. 무엇보다도 20세기 자본주의에 대한 대안적 개념으로 도입되고 있다는 점과 고정된 실체보다는 끊임없이 변화하는 유동적 성격을 강조하고 있다는 점에서 그렇다고 할 수 있다.

이렇게 되면 도시는 만남과 마주침이 가능하게 하는 수동적인 빈 그릇이 아닌 '도시적 직조(urban fabric)'가 생성한 역동적인 결과물이다 (Lefebvre, 2003). 그것은 모양과 형태가 없으며 공간적으로 펼쳐지고 있는 경계가 불확실한 유동적인 성질을 가진다. 도시적 직조의 핵심적 역할은 만남과 마주침의 역동적 상황을 통해 새로운 주체를 형성하는 것이다. 도시에 사는 사람들은 만남과 마주침을 통해 새로운 주체로 변화하게 되고, 이를 통해 형성된 도시의 주체는 더욱 적극적인 만남과 마주침을 추구하면서, 일상의 도시 공간은 더욱더 '도시적인 것'이 된다.

르페브르는 도시에서 만남과 마주침을 가로막는 다양한 분리와 장벽이 존재한다고 주장하면서 보면서 이에 대해서 저항하여야 한다고 말한다. 르페브르에 따르면 도시는 만남과 마주침의 가능성을 제공하지만 동시에 만남과 마주침을 가로막는 장애물에 대한 사람들의 저항과 투쟁이 지속되어야 하는 곳이다. 도시를 가로막는 분리와 장벽에 대하여 저항을 지속하는 한 사람들은 주체로 변하게 되고, 그들에 의해 도시에서 새로운 만남과 마주침의 가능성이 지속적으로 열리게 된다.

20세기 한국 사회가 경험한 국가주의는 도시적 직조와 '도시적인 것'을 파시즘적 폭력을 통해 억압한 예외적인 상황의 결과물이다. 20세기에 달성한 한국 사회의 높은 경제적 성취는 '도시적인 것'의 유동성을 단단하게 응고시켜서 획득한 편집병적인 성과이다.

한국 사회에서 도시에서의 만남과 마주침을 가로막고 있는 다양한
분리와 장벽은 국가주의에서 비롯되는 것이다. 한국 사회에서 '도
시적인 것'은 국가주의 목표를 달성하기 위한 한 허용되었고 서울
이야말로 국가주의가 남겨놓은 '증상(symptom)'적 잔여물이라고
할 수 있다.[2]

　서울이 외형적으로 구현하고 있는 '도시적인 직조'는 국가주의에
봉사한 결과로 초래된 경계가 분명한 비정상적인 응고물이다. 서울이
라는 도시의 주체는 국가주의이다. 자본주의적 생산을 극대화하기 위
해 국가주의가 만들어낸 인위적인 산물인 서울은 '도시적인 것'의 부
정을 통해 성립된 모순 그 자체이다. 서울 이외의 한국의 모든 도시는
서울의 위성도시로서의 관계 속에서 존재한다. 서울의 위성도시에 불
과한 서울 이외의 모든 도시는 그 내부에서 만남과 마주침의 가능성
은 원천적으로 봉쇄되어 있고 오직 서울에 의해 배분된 제한적인 기
능을 담당할 뿐이다.

　국가주의에 대항하는 지역학은 국가주의는 물론이고 그 증상으로
서의 서울을 통해 억압된 '도시적인 것'을 복원시키는 것을 목적으로
삼아야 한다. 이를 위해서 한국 사회의 도시에서 만남과 마주침을
통한 생성되는 일상을 복원시켜야 한다. 도시혁명은 일상의 만남과

---

2) 지젝에 정의에 따르면 증상은 그 자신의 보편적인 토대를 뒤집는 어떤 특별한
　요소이며 자신의 유(類)를 전복시키는 종(種)이다 (Zizek 1989).

마주침을 가로막는 분리와 장벽에 저항하는 새로운 주체를 형성하는 과정을 통해 비로소 가능해진다. 지역학은 탈국가주의의 임계지점 (critical zone)을 가로질러 관통하는 욕망의 흐름을 생성하는 주체의 행위이다.


## 2. 방법론: 부분성, 연결 그리고 리듬

### 1) 부분성

지역학은 전체와 부분을 재정의하는 일에서 출발한다. 수평적인 공간 위에는 동네, 도시, 광역도시권, 국가, 세계라는 서로 다른 이름의 경계와 질서가 존재한다. 국가주의적 관점에서 보면 국가는 전체이다. 국가보다 작은 스케일의 영역은 전체를 구성하는 부분의 하나이다. 세계는 국가라는 개별적인 전체가 모여 형성된 다원적인 성격을 가진 객관적 실체이다.

전체는 일정한 정체성에 의거해 하나의 전체가 된다. 전체론의 관점에서 보면 전체를 구성하는 부분은 전체론에 의해 언제든지 회수되는 종속적인 위치를 가진다. 전체와 부분은 결코 대칭적일 수 없다.

지역학은 국가라는 전체로 회수되지 않는 부분으로서의 지역이 대상이다. 부분으로서 지역은 자기 완결적으로 닫힌 객체가 아니다. 지역은 지역과 지역의 연결된 관계성 속에서 끊임없이 차이를 발생시키며 스스로의 경계를 변화시킨다. 스트래선 (2021)은 그녀의 저서 <부분적인 연결>에서 부분은 전체의 일부가 아닐 뿐만 아니라, 부분과 전체의 관계라는 것은 불필요하다고 주장한다. 스트래선은 '사이보그 선언'의 해러웨이를 인용하면서 다음과 같이 말하고 있다.3)

> "부분은 …… 위에서 내려다보는 시선이라기보다 하나의 신체에서 비롯되는 시선이다. 그러므로 모든 시각의 가능성은 구체적이다. 해러웨이는 오직 부분적인 관점만이 객관적인 시야를 보증한다고 단언한다 (차은정, 2021, 9쪽에서 재인용)."

'사이보그 선언'에서 해러웨이는 인공적인 기계를 통해 확장되는 신체를 긍정하는 신성모독을 단행하면서 초월성으로 나아가는 길을 원천적으로 차단하고 있다.4) 해러웨이의 이러한 관점은 최근 '사피엔스'를 통해 대중의 인기를 끌고 있는 유발 하라리 (2015)의 주장과 맥락을 같이 한다. 하라리에 따르면 인류는 인지혁명을 통해 허구를 만들어내었다. 허구의 대표적인 세 가지가 돈, 국가, 종교이다. 이러한 허구는 개인에게 희생을 강요하여 고통을 가져다주고 있다. 하라

---

3) 1985년에 해러웨이는 '사이보그 선언'을 발표하였다. 이어서 2003년에 '반려종 선언'을 발표하였다. 해러웨이의 '사이보그 선언'과 '반려종 선언'은 해러웨이 (2019)의 <해러웨이 선언문>에 함께 수록되어 있다.

4) 해러웨이의 '사이보그 선언'은 "나는 여신보다 사이보그가 되겠다"로 끝맺음한다. 이는 초월적인 신성에 기대어 존재하는 여신을 부정하고 기계와의 접속을 통해 확장되는 육체에 더 큰 현실적인 의미를 부여하겠다는 의지로 해석된다.

리에게 객관적이고 현실적인 것은 신체를 통해 경험되는 고통이다.

국가주의에 대항하는 도시혁명은, 해러웨이가 언급하는 초월성과 하라리의 설명하는 허구적 이념에 대해서 마찬가지의 부정적인 입장을 가지고, 사람들이 일상에서 고통과 같은 신체를 통해 경험하는 객관적인 현실의 장소로서 도시를 상정하고 있다. 도시혁명을 지지하는 지역학은 국가주의에 근거한 어떤 학문적 체계와 비교하여 부분적이고 신체적인 성격을 가지며 이러한 관점에서 보면 유일하게 객관성을 보증받을 수 있게 된다.

## 2) 연결

지역학은 리좀적 연결을 통해 그 체계를 구축한다. 리좀적 체계는 결국은 전체로 회수되게 되는 최종적인 하나 혹은 하나의 공통된 중심을 제거하는 것을 통해 가능하다. 리좀적 체계는 전체론적 관점에서 보면 체계가 아닌 비체계로 부정되지만, 비중심화된 체계를 구축하는 것을 통해 자신을 정의한다. 리좀적 체계는 어떤 특정의 귀결점이 없는 열린 체계이자, 연결의 방식과 결과에 따라 원래의 내용과 성질이 무한하게 달라질 수 있는 가변적 체계이다.

들뢰즈와 가타리(1980)는 "초월성은 유럽에 고유한 질병이다"라고 선언한다. 초월성은 모든 것에 근거나 원인이 있다는 사고에 근거한다. 최초의 기원이나 최고의 원리를 찾아서 그것으로 다른 모든 것을 설명한다. 초월성에 의해 정립된 최초 혹은 최고의 원인은 정점으로 위계적인 질서를 만든다. 수목적 체계다. 이에 반하여 리좀적 체계는 초월적인 것을 전제하지 않는다. 리좀적 체계는 어떤 것의 고정된 본질은 없고 관계에 따라 본질이 달라진다고 간주한다. 리좀적 체계를 초월성에 근거한 유럽의 위계적 질서와 대비하여 동양적 노마디즘과 연결되기도 한다(이진경 2002).

따라서 지역학이 리좀적 체계에 따라야 한다는 것은 초월적인 세계관을 수용하고 있는 기존의 학문적 체계에 대해서 비판적 태도를 보인다는 것을 의미한다. 학문의 내용과 범위를 분류하고 이렇게 분류되어 개별화된 특정의 학문에 대해서 학문적 정통이라는 침범할 수 없는 특권을 부여하는 방식의 기존의 학문적 체계를 전면적으로 부정한다. 지역학은 기존의 학문적 분류를 뛰어넘어 이질적인 학문 영역이 서로 뒤섞이며 기존의 것과 전혀 다른 접근 방식과 상상력을 통해 새로운 학문적 탐구를 진행하는 것을 그 출발점으로 삼고 있다.

지역학이 국가주의에 봉사하는 방식으로 존재해서는 안 된다는 사실은 명백하다. 국가주의에 따른 학문적 분류를 반성 없이 받아들이고, 비판이 대상이 되어야 하는 학문적 특권에 편승하여 지역을 대상화하는 방식으로 진행된 그동안의 지역학 연구는 부정되어야 한다.

지역학은 도시적 직조의 내부에서 무한하게 반복되고 생성되는 리좀적 연결, 혹은 만남과 마주침을 통해 만들어진 구체적이고 신체적인 것을 학문적 연구 대상으로 삼아야 한다. 지역학을 통해 사회과학과 인문과학이, 혹은 예술과 공학이 단단하게 구획된 경계를 허물고 융합되는 것은 차라리 '자연'스러운 흐름이다.[5] 더 나아가서, 지역학은 국가주의의 경계를 뛰어넘어 다른 국가의 도시 혹은 지역과의 연결을 보다 적극적으로 모색하는 단계에 이르고 있다. 이를 통해 지역학은 열린 체계적 성격을 강화하고 혼종성의 특징을 분명하게 밝힐 수 있을 것이다. 무엇보다도, 국가주의에 대항하는 본래의 목적을 이보다 더욱 충실하게 달성하는 방법이 있을 수 있을까?

## 3) 리듬

르페브르에 따르면 도시 공간은 자본주의적 생산과 정치적 지배의 공간뿐만 아니라 연대, 소통, 그리고 차이와 횡단의 가능성이 구현되는 장소이다. 도시의 공간은 중층성과 복합성을 통해 활력이 만들어진다. 르페브르는 도시 연구를 위한 방법론으로 리듬 분석을 제안한다(르페브르 2013). 르페브르가 리듬 분석을 통해서 하려고 한 것은 수목적 체계를 따라 근대 학문이 조각낸 지식을 통합하고 이성적인 것에 의해 억압된 감각적인 것의 우월성을 부각시켜, 시간을 통해

---

5) '반려종 선언'에서 해러웨이(2019, 117쪽)는 다음과 같이 쓰고 있다. "우리는 구성적으로 본바탕이 반려종(companion species)이다. 우리는 서로를 신체(flesh) 속에 만들어 넣는다. 서로 너무 다르면서도 그렇기에 소중한 우리는, 사랑이라는 이름의 지저분한 발달성 감염을 신체로 표현한다. 이 사랑은 역사적 일탈이자 자연 문화의 유산이다." 반려종과의 신체적인 사랑을 자연 문화의 유산이라고 한다면 기존의 학문적 경계를 뛰어넘어 융합하는 것을 자연스러운 흐름이라고 하지 않을 이유가 없다.

나타나는 반복되는 일상 생활의 의미를 파악하는 것이다.

일상 생활에서 두가지 종류의 반복이 일어난다. 선형적 반복은 자본과 국가에 의해 주도되는 반복이다. 학교를 다니고, 직장에 출근하고, 노동을 하면서 이루어지는 반복이 선형적인 반복이다. 선형적 반복은 시계의 시간을 따른다. 선형적 반복에 대비되는 것은 순환적 반복이다. 순환적 반복은 낮과 밤, 계절의 순환과 같은 반복이다. 순환적 반복은 우리의 일상을 관통하는 우주적 리듬 혹은 생명의 리듬을 따른다.

선형적 반복과 순환적 반복의 충돌을 통해 실현되는 일상 생활의 다양한 리듬을 이해하는 것이 리듬 분석이다. 르페브르는 20세기를 관통하여 인류 사회를 지배한 리듬은 제도적 규율, 권력 행사에 따른 지배와 복종, 그리고 자본주의적 문화에 의해 강박되어 의례화되고, 또한 언어를 통해 이념화된 가상적인 것이라고 말한다. 이러한 리듬에는 표층적이고 가상적인 '현재'만 있고 존재의 심연을 규정하는 우주적 생명의 리듬은 억압되어 망실되고 있다. 르페브르에게 있어 리듬 분석의 궁극적인 목표는 생명의 에너지를 통해 발현되는 순환적 리듬이 자본주의적 공간과 시간의 선형적 리듬과 맞물려 서로 교차하며 생성되어 가는 일상 생활의 변증법적 의미를 찾아내는 것이다.

'도시적인 것'의 순수한 형태로서 만남과 마주침은 기실 도시의 순환적 리듬을 만드는 기본적 요소이다. 20세기를 통해 한국 사회는 국가주의에 따른 선형적 리듬이 도시에서 사람들이 일상에서의 만남과 마주침을 통해 생성하는 순환적 리듬과 조화를 이루지 못하는 불협화음을 만들어내었다. 20세기를 통해 한국 사회가 경험한 온갖 형태의 교착과 불균형을 이러한 불협화음의 결과라고 말할 수 있다.

지역학이 귀 기울여서 찾아내어야 하는 도시와 일상 생활의 리듬은, 익숙한 국가주의의 소음으로부터 해방되는 순간 우리의 신체를 순환하여 흘러간다. 국가주의에 의해 변형되어 조화가 깨져버린 일상생활의 리듬을 생명의 리듬에 맞추어 조화를 회복시켜야 하는 작업은 윤리적이고 실천의 문제를 포함한다. 생명의 리듬에 맞추어 춤출 수 있는 사람이 도시혁명의 주체가 된다. 지역학이 국가주의에 저항하는 새로운 주체를 만드는 일에 개입하는 지식인 운동의 성격을 띠어야 하는 이유가 여기에 있다.[6]

## 3. 21세기 지역학의 미래: 동아시아 도시 연대의 매개

지역학 연구는 향후 도래할 미래를 위한 학문의 성격이 강하다. 20세기의 유산인 강고한 국가주의를 뛰어넘어 21세기 도시혁명을 완수하기 위한 목적에 지역학이 기여해야 한다. 모든 혁명은 도래할 미래를 나름의 방식으로 설계한다. 지역학이 설계하는 도시의 미래는

---

6) 지역학이 지식인 운동이 되어야 한다는 것은 2013년 대구경북학회가 창립될 때 작성된 창립선언문에 분명하게 밝혀져 있다. '대구경북학회 창립 선언문'은 이 글의 끝에 부록으로 실어두었다.

활발한 만남과 마주침을 통해 순환적 생명의 리듬이 회복된 장소이다.

지역학이 퇴행적 부족주의의 강화와 공동체의 집단적 기억에 대한 회고를 통해 복고주의 방식으로 진행되어서는 안 된다. 무엇보다도 20세기의 국가주의에 봉사하고 그것을 정당화하기 위해 지역학이 동원되거나 활용되는 상황을 거부해야 한다. 지역학이 국가주의에 대항하고 21세기의 도시혁명을 통해 도래할 미래를 설계하고 전망하는 역할을 담당해야 한다.

지역학 연구의 미래는 학제 간 연구의 가능성에 달려 있다. 국가의 리듬과 도시의 리듬은 다르다. 국가의 리듬에 맞추어 생산된 학문적 구획을 그대로 차용하여 도시의 리듬을 연구하는데 적용하는 것은 성립 불가능한 일이다. 지역학 연구는 기존의 학문체계가 세워놓은 분리와 장벽을 과감하게 뚫고 가로지를 때 새로운 방법론으로 주체적 성격을 내세울 수 있다.

해러웨이가 선언하고 있는 것들이, 즉 사람이 기계와 교섭하고 반려종과 신체를 섞는 일이, 지역학 연구의 차원에서 일어날 수 없을까? 도시적 직조의 본질인 만남과 마주침을 기존의 학문 경계를 넘어서 학제 간 방식의 연구를 통해 실현하는 일은 지역학이 향후 풀어나가야 할 중요한 숙제의 하나이다.

21세기 들어 새로운 형태의 국가주의가 동아시아 지역에서 강화되고 있다. 20세기 동아시아의 역사는 유럽 제국주의의 동아시아 침략과 제2차 세계대전 이후의 전지구적 냉전의 시간표와 일치한다. 21세기에 시작되면서 세계적으로 지난 세기의 제국주의와 냉전 체제에 대한 성찰이 본격적으로 진행되었지만, 동아시아에서 20세기 방식의 허구적 이념이 기형적으로 강화되는 현실을 지역학은 비판적인 입장에서 주목할 필요가 있다.

지역학이 추구하는 리좀적 체계는 열린 체계이자 가변적인 체계이다. 리좀적 체계에서는 작고 부분적인 연결이 이전과는 전혀 다른 새로운 진화의 방향으로 변화하도록 관계된 모든 주체들을 유도해낼 수 있다. 동아시아 도시 연대의 매개로 지역학을 활용할 필요가 있다. 지역학은 21세기의 동아시아에서 나타나고 있는 반역사적인 국가주의의 부활에 대하여 동아시아 도시 연대를 꿈꾸기 위해 요구되는 누빔점이 될 수 있다.7)

동아시아 도시 연대를 통해 우리는 헤테로토피아를 상상해내어야 한다. 현실적 유토피아에 대한 인류의 희망을 복원시키기 위해서 동아시아 도시 연대가 필요하다. 이를 통해 유럽의 근대화가 관행으로 답습시켜 온 유럽 중심주의라는 위계의 사다리를, 환대에 기초한 노마디즘과 무한한 자유가 빚어내는 화엄의 정신으로 무너뜨려야 한다.

'동아시아 공동의 집'에 거주하는 동아시아인으로서의 정체성은

---

7) 누빔점이라는 용어는 지젝으로부터 빌려왔다. 지젝은 누빔점을 기의 없는 기표라고 정의한다. 지젝에 따르면 누빔점을 통해 이데올로기는 총체화된다. 그러나 이 글에서 누빔점은 반복적으로 되돌아와서 참조해야만 하는 지점이라는 매우 단순한 의미로 읽어야 한다.

개별 도시의 신체성을 긍정할 때 비로소 그 무늬의 선명함이 드러난다. 우리가 미처 알아차리기 전에, 국가주의 너머로 동아시아 도시들이 마치 밤하늘의 은하수처럼 이미 고유한 리듬에 맞추어 춤추고 있다.

# 참고문헌

네그리와 하트, <공통체>, 윤영관, 정남영 옮김, 사월의책, 2014.

르페브르, <리듬분석>, 정기현 옮김, 갈무리, 2013.

박배균, '스마트 도시론의 급진적 재구성: 르페브르의 도시혁명론'을 바탕으로, <공간과 사회> 30(2), 2020.

스트래선, <부분적인 연결들>, 차은정 옮김, 오월의 봄, 2019.

오스트롬, <공유의 비극을 넘어>, 윤홍근, 안도경 옮김, Random House, 2010.

이진경, <노마디즘 I, II>, 휴머니스트, 2002.

차은정, "21세기 인류학의 새 지평을 열다," 스트래선, <부분적인 연결들>, 오월의 봄, 2019. 4-19쪽.

하라리, <사피엔스>, 조현욱 옮김, 김영사, 2015.

해러웨이, <해러웨이 선언문>, 황희선 옮김, 책세상, 2019.

Deleuze, Gilles and Felix Guattari, Mille Plateaux, Minuit, 1980.

Lefebre, H., The Urban Revolution, trans. R. Bononno, University of Minnesota Press, 2003.

Merrifield, A. "The urban question under planetary urbanization," *International Journal of Urban and Regional Research,* 37(3), 2013.

Polanyi, Karl, The Great Transformation, Farrar & Rinehart, 1944.

Zizec, Slavoj, The Sublime Object of Ideology, Verso, 1989.

# [부록] 대구경북학 창립 선언문 (2013)

대구경북은 한국의 산업화 및 민주화를 선도적으로 이끌어 온 지역이다. 그러나 최근 들어 대구경북은 지나친 과거 지향의 수구적 흐름으로 치달아 한국 사회의 새로운 전망을 만들어내는 데 기여하지 못하고 있을 뿐 아니라 전지구적 시대 정신을 역행하는 후진적 지역으로 낙인찍히고 있다.

대구경북은 한국 사회의 민주화 흐름에 동참하지 못하여 정치적 고립을 자초하고 있고, 낡은 산업화의 프레임에 갇혀 지식기반중심의 경제적 변화의 흐름을 따라가지 못함으로써 경제적 낙후 지역으로 전락하고 있다. 뿐만 아니라 대구경북은 창조적인 문화 행위를 억압하는 사회적 기제와 도발적인 예술인의 상상력에 대한 관용의 부족으로 독자적인 문화와 예술의 콘텐츠를 외부 세계로 발신하지 못하는 문화와 예술의 불임 장소로 외면당하고 있다.

이로 인해 대구경북의 젊은이들은 지역에 안착하여 미래를 걸 생각을 하지 못하고 기회만 있으면 지역을 떠날 채비를 하고 있다. 뿐만 아니라 대구경북이 제공하는 새로운 기회에 이끌려 인재와 자원이 바깥으로부터 지역 내부로 흘러들어오는 문호가 닫힌 지 오래되었다.

대구경북은 현재 전대미문의 위기에 직면하고 있으며, 역동적이고 희망찬 미래를 만들어낼 물적, 정신적 동력이 소진 상태에 처해 있다. 대구경북이 처한 현재의 위기를 극복하고 미래의 가능성을 새롭게 깨워내기 위해서는 지역적 자기 정체성을 확립하고 이를 기반으로 지식과 문화의 주체적 발신지로서의 위상을 회복해야 한다.

대구경북에는 현재 유수의 대학과 다양한 분야에서 빼어난 능력을 발휘하고 있는 많은 지식인이 존재하고 있다. 그러나 대구경북의 대학과 지식인은 자신이 몸담고 있는 지역의 위기에 태무심하거나 혹은 외면하고 있다. 대구경북의 대학과 지식인의 지역 공동체에 대한 자기 배신적 행동과 학문적 관심의 이탈의 문제는 이제 적정 한도의 범위를 넘어서고 있다.

우리는 대구경북에서 지역 공동체의 일원으로서 함께 살고 있는 지식인으로서 이러한 상황에 대해서 깊은 자괴감을 느낌과 동시에 그 해결을 위한 책임감을 동시에 느낀다. 이에 우리는 대구경북의 정체성을 확립하고 지역의 미래에 대한 새로운 비전을 제시하고 이를 통해 지역 주민의 삶의 질을 개선하기 위한 지식인으로서의 사명을 다하기 위해 대구경북학(大邱慶北學)을 정립하고 이를 위해 대구경북학회를 창립하고자 한다.

우리는 대구경북학회를 창립하면서 다음과 같은 문제의식과 지향성을 분명하게 밝힌다.

첫째, 대구경북학은 지역공동체에 대한 '기억의 재구성'을 도모한다. 대구경북은 20세기 후반 우리 사회의 근대화의 선도 지역으로서의 기억에 매몰되어 21세기가 지향하는 새로운 가치를 수용하지 못하는 수구 퇴행적 관행에 빠져 있다. 우리는 대구경북이 현재 직면하고 있는 다양한 층위의 위기가 대구경북의 정체성에 대한 정체(停滯)

된 기억의 탓이라는 인식에 전적으로 동조한다. 이에 대구경북학은 세계시민주의에 입각하여 대구경북의 과거와 역사를 재구성하여 대구경북의 정체성을 미래적 가치와 열린 상상력을 중심으로 새롭게 정립하려 한다.

둘째, 그동안 우리 사회는 과도한 국가주의 이념에 따라 지역 공동체는 국가의 하위 영역으로만 취급되었을 뿐 독립된 학문적 분석 단위의 위상을 확보하지 못하였다. 국가주의 기획은 산업화 초기에 압축 성장을 추구하기 위해 우리 사회가 선택한 전략으로서 그 시대적 필요성이 다하고 있으며, 글로컬(glocal) 시대에 접어들면서 오히려 새로운 사회적 상상력을 억압하는 기제로 작동하고 있다. 우리는 대구경북학을 통해 완고한 국가주의의 사고틀을 극복하고, 지역 공동체가 학문적 분석 대상으로서 독립적 단위로 취급되는 새로운 학문적 흐름을 만들어갈 것이다.

셋째, 대구경북학은 방법론적으로는 학제간 '통섭의 원리'를 지향한다. 대구경북학은 인문학, 사회과학, 자연과학, 예술 창작 활동 등 다양한 학문적 배경과 예술적 상상력이 지역공동체의 관점에서 융합될 수 있도록 다양한 시도를 할 것이다. 최근 학계에서 학문 상호간 경계의 벽을 깨뜨려야 한다는 주장이 당위적으로 제기되지만, 우리는 지역공동체야말로 학제간 연구가 가장 유효한 방식으로 가능할 뿐 아니라, 또한 가장 필요로 하는 영역이라고 인식하고 있다.

넷째, 대구경북학회는, 대구경북이 그동안 우리 사회의 비판적 지식인 운동을 선도한 지역이라는 사실을 기억하면서, 최근 들어 침체

국면에 접어들고 있는 지역의 지식인 운동을 다시 점화시키고자 한다. 우리 사회 전반에 걸쳐 지식인의 연대 의식은 실종되고 있고 공동선의 개념은 공허한 외침으로 냉소의 대상이 되고 있다. 지식인은 자신의 학문적 분야 혹은 전문적 영역에 퇴행적 방식으로 매몰되어 가면서 마침내 기득권 일부가 되어 현실의 이해관계를 고착화하는데 기여하고 있다. 대구경북학회는 지식인에게 부여된 시대적, 사회적 사명에 대해서 겸허한 마음으로 성찰하면서 대구경북에서 비판적 지식인 운동의 흐름을 이어가는 역할을 스스로 부여하고 이에 충실하고자 한다.

# 제4장

# 근대도시 대구! - 대구 재발견

도현학*

　대구의 도시형성과정을 살펴보면, 대구읍성은 선조 1590년에 건조되어 영조 1736년에 완성된다. 1907년 대구 군수 박중양에 의해 강제 철거되기까지 전통도시로서의 대구는 경상도 중앙의 지리적 전략적 요충지인 경상감영 주둔지로서 정치행정의 도시, 관리와 상인 중심도시였으며 대구읍성을 중심으로 감영의 관리들과 서문시장 및 약령시 등의 상인도시로서 읍성을 중심으로 서문으로는 성주, 고령, 현풍을 동문으로는 영천, 팔공산 그리고 남문으로는 경산, 각북을 연결하는 교통과 교류의 거점역할을 담당했던 도시이다.

　근대도시로서의 대구는 1894년의 동학운동과 청일전쟁이 몰고온 일본군의 달성토성 주둔과 함께 1904년 한일의정서에 따른 이사청이 설립되고, 경부선 철도 건설이 시작되면서 건설관계자 및 농민들의

---

* 영남대학교 건축학부 교수

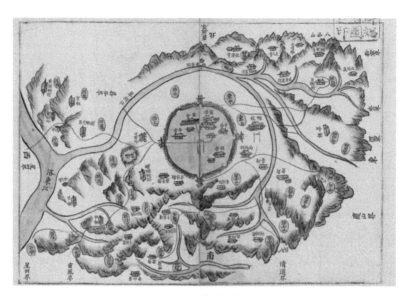
1832 대구읍지

도시유입으로 급격한 도시화가 시작되었다. 1907년 대구읍성 철거를
기폭제로 일본인들에 의해 대구역과 북성로에 신흥상권이 형성되었
으며, 서문시장과 읍성 남측에 조선인이 상권을 이루면서 인구가 폭
발적으로 늘어나게 된다.

〈그림 13〉 대구시 지도 (1917년 측도, 1937년 수정도, 조선총독부)

총독부 육지측량부1917년

　　대구의 인구는 기록에 따르면 1899년 44,801명, 1910년 98,559명, 1912년 139,615명으로 급속도로 증가하게 된다. 근대도시화 과정에서 교통, 교역, 신상품, 신교육, 서양종교, 금융, 공장 등의 신문물들이 유입되면서 새로운 지도층이 형성된다. 읍성 철폐와 대구역 건설은 전통도시에서 근대도시로의 대전환의 기폭제가 되었으며, 도시화에 따른 인구증가는 새로운 지도층을 형성하게 된다. 새로운 문물과 신문화가 받아들여지면서 근대도시로서 교역과 변화, 혁신의 도시로 탈바꿈하게 된다.

1950 대구역

　새로운 지도층으로서 외부에서 유입된 서상돈(경북김천), 김광제
(충남보령), 친일파 박중양(경기양주)등의 정치지도층만이 아닌 종교,
예술, 문화인의 외부유입은 문화적 역량의 모토가 된다. 전통과 근대
문화의 만남은 다양한 인물들과 문화의 소통과 함께 근대사회로의
급속한 전환을 맞이하게 된다.

　근대도시 대구는 타지역 사람들의 이주를 수용함으로써 타협과 변
화를 통해 물류와 교류의 거점으로서 영남 최대의 내륙도시로 발전
하게 된다. 근대도시로서 서울, 인천, 부산, 대전 또한 도시화에 따른

1931 대구공회당

변화에 직면하지만 도심의 발달과정에서 전통도시와 근대도시의 거점이 분산되면서 도심이 분산되어 발달하지만, 대구는 읍성이 철폐되고 인접하여 대구역이 건설되면서 경상감영을 중심으로 근대도시계획이 도심에 실현되면서 기존의 전통도시구조 위에 근대도시가 계획되는 특징을 가진다.

신작로인 십자대로가 개설되면서 1909년 경상감영에 이사청, 대구경찰서, 대구공소원, 대구우편국, 은행 등의 주요시설들이 도심에 건설됨으로써 다른 도시들과는 차별화된 이종결합의 특이한 도시구조가 형성된다. 1900년 이전의 관리·교역중심도시 위에 근대철도와 근대도시가로가 형성되었으며, 이후 전쟁기에도 유일하게 도시 원형을 보존하였고, 1980년대까지 근대산업을 이끈 산업도시로 성장하였다.

90년대 이후로 수도권으로의 무차별적인 도시집중화로 전국의 지방도시가 쇠퇴일로를 거치면서 외형적 성장은 멈추었으나, 새로운 도시 패러다임을 요구하는 현재에 있어 대구는 역사성과 시간성의 축적에 따른 다양한 도시공간의 장소성을 지닌 하이브리드한 도시인프라를 갖춘 유일한 도시라 할 수 있다.

근대도시로서의 도시건축자산의 활용사례를 대구시 북성로 상가주택을 중심으로 살펴봄으로써 대구 정체성을 발견하고자 한다.

최근 도시재생법의 제정과 함께 개발위주의 도시정비정책에서 원도심의 건축자산을 활용한 도시재생으로의 패러다임의 변화를 맞이하고 있는 이때 도시생성 및 발달에 있어 주요한 역할을 담당했던 근대도시형 상가주택의 활용방안에 대한 관심이 집중되고 있다. 근대도시형 상가주택이란 근대도시화 과정에서 산업화에 따른 도시인구의 집중과 상업기능의 발달에 따른 복합용도로서의 상가와 주거가 한 건물에 함께 기능하는 건축물을 말하며, 근대화를 거친 대부분의 도시가로에서 나타나는 건축물의 대표적인 유형이라 할 수 있다.

한편 도심재생의 새로운 패러다임에 따른 건축자산을 활용한 성공사례들이 나타나고 있으며, 이는 쇠퇴해가는 중소도시의 중심가로 활성화방안의 한 대안으로 제시될 수 있을 것이다. 사례의 대상지인 대구시의 사성로를 중심으로 한 원도심은 1907년 대구읍성이 철거된 이후 대구역을 중심으로 근대도시계획이 이루어진 곳으로 대구시 근대도시발달의 시발점이라 할 수 있다. 대구부 중심부의 경상감영과 대구읍성을 지닌 전통적 도시구조에서 사성로의 생성과 함께 근대도시조직으로의 변화과정에서 나타난 도시형 상가주택의 출현은 전세계의 근대도시로의 전환과정과 맥을 같이한다.

산업혁명 이후 가속화 된 도시상업의 발달과 도시주거의 양적인 요구는 필연적으로 도시형 상가주택의 출현을 야기했으며, 구한말을 거쳐 일제강점기를 거치면서 구체화되었다고 할 수 있다. 특히 북성로는 대구읍성이 철거된 후 신작로가 만들어지면서 대구역의 신설과 함께 상인들을 주축으로 한 상업중심지였다. 새로운 가로체계와 필지정리가 이루어진 도시계획지역으로 근대도시가로로서의 면모를 갖추기 시작한 곳이다. 북성로를 중심으로 일식목조, 조적조, 철근콘크리트조 등의 건축물들이 세워졌으며, 특히 일본인에 의한 마치야형 상가주택이 새로 조성된 가로에 접해 나타났다.

근대건축물이 가장 많이 분포되어 있는 대구시 중구의 북성로를 중심으로 도시개발로 사라져가는 근대건축물중에서 도시형 상가주택의 유형적 구분과 구체적 사례를 통한 활용방안을 살펴보고자 한다. 나아가 도시형 상가주택만이 아닌 시·군 읍·면의 중심가로에 면한 현존하는 가로형 상가주택의 활용방안으로 제시될 수 있을 것이다.

상가주택은 유럽에서만이 아닌 아시아의 여러 도시에서도 산업사회 이전부터 나타나는 유형이지만 19세기이후 산업화에 따른 도시화의 결과로 일반화된다. 동남아 지역에서는 산업사회로의 진입에 따른 사회적 변화와 함께 새로운 도시건축으로서 도시가로에 상가주택이 자리잡게 된다. 특히 일본에서의 상가주택은 에도시대 이후에 대중화되어 나타나기 시작하였으며, 메이지유신 이후 도시개조사업과 함께 마치야가 도시가로에 접하는 일반적인 유형이 된다. 유럽과 동남아 그리고 중국에서도 전형적인 도시형 상가주택이 나타난다.

도시형 상가주택은 로마시대부터 도시화에 따른 상업성과 고밀도 토지정책에 의해 나타난 건축의 유형으로, 중세를 거쳐 유럽을 비롯한 동남아, 중국, 일본 등의 각 도시에서 19세기를 전후한 산업화, 도시화에 따른 도시건축의 일반적인 유형으로 확산되어 건축되기 시작하였다. 대구의 근대도시형성은 대구읍성의 철거와 함께 대구역을 중심으로 근대 상업가로가 형성되었으며, 특히 사성로 중에서 북성로의 상권을 쥐고 있던 일본상인들에 의해서 마치야 형식을 갖춘 상가주택이 건축되었다.

대구도심은 청동기 시대에서 근·현대까지 같은 장소에서 다양한 시대적 활동들이 진행되어 왔으며, 그 결과 도시의 물리적 특성이 다양하게 나타나면서 장소성이 매우 풍부한 도시의 가치를 지닌다. 조선시대에는 읍성과 감영 행정기능의 중심지로서 기능하였으며, 1601년 경상감영이 설치되었고, 1736년 민응수의 건의로 읍성이 축성되었다. 1870년 고종7년 김세호가 대대적인 보수공사를 하였으며, 1907년부터 1909년까지 성곽과 감영이 대부분 파괴되어 사성로가 생기게 된다. 일제강점기에서 산업화 이전까지 사성로를 중심으로 상업

중심지가 형성되었으며, 근대화와 산업화를 거치면서 도시생태계의 변화에 따라 가로상가의 업종이 변화되어 특화된 거리의 성격을 지니게 되었다. 동성로는 도시의 주요산업이었던 섬유산업과 함께 패션의 거리, 남성로는 한약방의 거점으로서 대구약령시 거리, 서성로는 도시가로의 확장과 함께 기계상가 거리, 북성로는 대구산업의 견인차로서 공구골목으로 특화되었으며, 90년대 이후 산업사회의 쇠퇴와 함께 가로의 특성은 유지되었지만 원도심이 중심기능을 상실하게 되면서 쇠퇴의 길로 접어들게 된다.

대구읍성이 철거된 후 신작로로 북성로가 만들어졌으며 1911년, 1929년, 1945년을 기점으로 한 필지정보를 살펴보면 다음과 같다. 첫째, 읍성을 기준으로 양분되어 있던 필지들의 상대적인 넓이가 매우 다르게 나타남을 알 수 있으며 이는 읍성을 중심으로 한 양 지역의 건축방식이 매우 달랐음과 시간이 지나면서 같은 양상을 띠게 됨을 발견할 수 있다. 둘째, 북성로를 중심으로 양쪽의 필지들이 시간이 지날수록 세분화되어가고 있으며 특히 1929년 이후로 1945년에 이르기까지 마치야가 건축된 교토의 필지형태와 같은 5m이하의 세장형 필지들이 50% 이상 나타남을 발견할 수 있다. 즉, 1929년 이후로 건축된 목조건물인 경우 일본의 도시형 상가주택인 마치야가 북성로의 상가주택으로 자리 잡았음을 짐작 할 수 있다.

북성로를 중심으로 양 가로변에 근대 건축물이 골고루 분포되어 있어 통과하면서 바라볼 수 있는 선적인 도시가로경관이 형성됨과 동시에 하나의 블록이 형성되어 있다. 건립연대별 현황을 보면 1950

년 이전에 건축되어진 건축물이 90%를 차지하고 있고, 대도시의 도심에 60년 이상 경과한 근대 건축물이 가로 양변에 늘어서 700M의 근대 가로 경관을 형성하는 독특한 가로라 할 수 있다. 용도별 현황을 보면 판매 및 영업시설과 공장이 일부 존재하고 있고, 일제강점기에 형성된 대구역 주변의 공장, 산업시설과 함께 북성로의 대부분의 건축물 용도는 소규모 상업시설인 공구상가로 유지되고 있다. 길이 약 620m에 1~4층의 약 500여개 점포가 있으며, 북성로 공구골목의 용도지역은 중심상업지역으로 골목전체가 재개발 예정구역으로 지정되어 있다. 현재 500여개의 업체가 각종 산업용 공구를 판매하고 있어 다양한 공구들의 비교구매가 가능하나 대부분 노후화된 건물들로 경관이 좋지 않고 주차공간이 부족하여 도로변에 불법 주·정차들이 많은 실정이며 보차분리도 되어있지 않아 보행 환경 또한 매우 열악한 실정이다. 북성로1가에 면한 건축물의 경우 대구역에 가까운 지리적 조건으로 3-4층의 철근콘크리트조의 상점건축이 나타나며 5-6상가가 연접하는 세장형 마치야 상가주택이 다수 남아있다. 외부마감의 변형은 매우 심하여 원형을 알아보기 어렵고 1층의 구조 또한 많이 변형되어 있는 상태이지만 2층은 구조를 비롯한 마감재 등의 원형이 많이 남아있는 상태이다. 그러나 오랫동안 방치된 상태라 시급한 보수가 요구되는 곳이 많다. 북성로2가의 경우 북성로1가에 비해 목조 구조이면서 단층의 평면을 가진 상가가 많이 나타나며 건축물의 규모면에서 더 작고 낙후되어 있음을 볼 수 있다.

구조별 현황을 보면 북성로에 면한 양측 건축물만으로 보았을 때

목조건축물이 62%를 차지하며, RC조의 건축물이 38% 정도이다. 전면폭이 3.5-5m인 상가의 경우 목조건축물로 남아있는 경우가 많으며 이는 마치야의 세장형 합벽건축물의 조건에서 현 건축법에 따른 신축 및 증축에 어려움이 있어 현재까지 개보수에 따라 유지되었다고 할 수 있다. RC조의 건축물의 경우 지적도상의 세장형에서 합필 및 이웃지주와의 합의하에 신축이 이루어진 것으로 60년대에서 2000년대까지 천천히 나타났음을 볼 수 있다. 목조의 경우 1층은 상가로 사용되고 있으나 2층은 대부분 비어있거나 창고로 사용되고 있다. RC조의 건축물의 경우 70년대까지의 건축물은 1층을 제외하고 거의 사용되지 않거나 창고로 사용되고 있다.

대구읍성의 철거 이후 일본인들의 상업 및 주거중심지로 북성로가 형성되면서 1970년대까지 대표적인 상업중심지로 기능하다가 80년대 이후 도시상권 및 행정 중심지가 원도심에서 벗어나게 되고 또한 대구역의 기능이 동대구역으로 옮겨가면서 중심상업지의 기능이 약화되어가고 이후 공구상가들이 밀집하면서 공구골목으로 자리잡게 된다. 사성로 중 동성로가 의류 상가로, 남성로가 약령시로, 서성로가 기계상가로 특화된다.

2000년대 이후 공구상가의 이전 및 재개발의 기대속에서 상업지역의 기능이 쇄퇴하면서 1층의 상가들만 영업하고 2층 및 기타 부속동들이 빈 상가로 전락하면서 낙후되어 가고 있다. 북성로 일대는 도시적 토지이용이 이루어질 수 있도록 중심상업지역, 최저고도지구로 지정되어 있으며, 대구시는 도심에 인구를 유입하고 산업기능을 회복시키기 위해 2006년 도시 및 주거환경기본계획을 수립한 바 있고, 북성로 가로남측면의 구역이 도시환경정비사업 대상지로 지정되어 있다. 그러나 이 사업들은 재개발사업계획들로 도시재생차원에서의 기본계획 수정이 요구된다. 북성로에 면한 가로건축물들을 분류함에 있어 구조에 따른 분류와 함께 건축물의 규모로 분류한다. 목조건축물의 경우 2층의 마치야형 상가주택과 단층의 상가주택형, 철근콘크리트조의 경우 1960년이전의 근대건축물과 이후의 상가건축물로 분류할 수 있다.

북성로의 상가주택은 1930년대 이후로 지어진 목조 1, 2층의 상가주택들로 일본인들에 의해 지어진 마치야가 대부분이라 할 수 있다. 단층의 목조건축물은 가로 전면을 상점으로 후면을 주거로 사용하였거나 전체를 상점 및 작업장으로 사용하였으므로 주거기능은 적었을 것으로 보인다. 북성로 1가와 2가를 비교해 보더라도 단층형 목조건축물이 2가 쪽에 더 많이 분포해 있음은 상대적으로 작은필지를 가졌던 가로의 특성을 드러낸다고 보여진다. 즉, 단층형의 경우 마치야와 같은 직주병용이 아닌 상점 및 작업장으로만 기능했을 것으로 보여진다. 목조 2층 상가주택은 필지의 형태를 보더라도 전형적인 마치야의 공간구성을 보여주고 있다. 1층의 평면은 오랜 기간 사용자의 편의에 의해 변형되어 구조물조차도 조적이나 철골조 등으로 변형되어 있어 원형을 찾아볼 수 없으나 2층의 평면 및 구조체 등은 많은 훼손 없이 보존되어 있어 원형을 유추하기에 그리 어렵지 않다. 2층의 예전 주거기능을 상실한 후로 다른 용도로 변형되지 않고 창고로 사용되었거나 방치되었으므로 원형을 유지 할 수 있었다. 일본 마치야의 파사드에 따른 유형구분으로는 총 2층 유형이 가장 많이 나타나며, 일부 서양의 근대건축의 영향을 받은 간판건축의 유형이 남아있다. 또한 건축물 안에 정원의 삽입수에 따른 구분으로 분류하면 1개 정원의 마치야가 가장 많이 나타나는 유형이 된다.

북성로를 중심으로 정착한 일본인은 1929년 이후 진행된 세장형 필지변화에 따라 대구역을 중심으로 한 상권을 차지하면서 주거를 겸한 마치야를 주로 건축하였다. 기초, 벽, 지붕의 목조주택의 구법에서 일본의 메이지 이후 1930년대 일본의 마치야의 건축구법을 따르고 있음을 알 수 있다. 도시형 상가주택은 근대화초기 도시발달사에 있어 도시주거의 한 유형으로서 전세계 도시 전반에서 나타난 공통된 현상으로 이해해야 할 것이며, 따라서 일본의 마치야와 비교분석을 통해서 북성로 도시형 상가주택의 건축적 가치와 도시재생적 차원에서의 도시적 가치를 발견함에 연구의 의의가 있다고 할 수 있다.

다음은 북성로 상가주택의 현황에 대한 주요특징들이다.

첫째, 북성로에 나타나는 상가건축물의 경우 일본에서 나타나는 마치야유형의 전형적인 건축적 특성들이 나타나지만, 현재에 이르러 변형 및 훼손상태가 심하게 진행된 상태이다. 둘째, 건축시공방법에 있어 근대건축에서 나타나는 합리적 시공방법들이 나타나는바, 특히 지붕의 시공법에 있어 전통 일식의 지붕구조와 함께 서양의 왕대공 트러스방식이 많이 나타난다. 셋째, 평면상에서는 일식목구조의 마치야 형식을 따르고 있지만 전면 파사드의 경우 근대주의적인 파사드 및 타일 벽돌 등에 의한 변형이 많이 나타나고 있다. 넷째, 북성로 주도로의 도시가로와 비교해서 이면도로의 경우 전통한옥 등과 섞이면서 전형적이지 않은 변형들이 혼재되어 나타난다.

북성로에 있는 상가주택의 여러유형들 중에서 최근에 리노베이션을 통해 다시 활용되고 있는 건축물들의 예를 살펴봄으로써 향후 상가주택의 활용방안을 제시할 수 있다. 다음의 예는 북성로의 상가 중에서 공가가 된 이후 근대건축물의 원형에 근거한 보전적 차원에서의 리노베이션을 통해 재활용되고 있는 건축물들의 예이다.

## 1. 삼덕상회

1932년에 지어진 폭3.2M, 길이 14.7M, 높이 5.3M의 좁고 긴 세장형 대지에 4집이 합벽하여 이루어진 전형적인 마치야 상가주택이다. 변경전 '미세'인 점포에 바로 2층으로 오르내리는 사다리가 있었으며, '도오리니와'인 긴복도를 따라 안쪽의 중정과 만날 수 있었다. 2층은 마루를 통해서 양쪽 2개의 방에 이를 수 있었다. 1층은 전면에 상점, 안쪽에 군불을 땔수 있는 방이 있었으며, 마당쪽의 증축부에 주방이 있었고 마당을 거쳐 제일 안쪽에 화장실을 두었다. 마치야의 원형 이후에 여러번의 변경이 있었음을 알 수 있다. 변경안에서는 전면부의 점포에 카페를 위한 객장이 되고 중간의 방은 주방으로 긴 복도를 따라 마당을 거쳐 안쪽에 계단을 두었으며, 2층에 이르면 테라스를 거쳐 안쪽에 이르게 된다. 제일 안쪽에 다다미방을 두어 좌식

삼덕상회

테이블을 두었다. 2층의 천정은 오픈하여 왕대공 트러스를 내부공간에서 볼 수 있으며, 최대한의 공간의 개방감을 연출하였다.

## 2. 공구박물관

1936년 삼각형의 부지에 2면이 노출되어 있어 마치야의 변형으로 이루어진, 1층은 예상하건데 미곡창고로 2층은 주거공간으로 사용되던 목조 상가주택으로 공구박물관으로 리노베이션 전에는 국밥집으로 사용하고 있었다. 당시 1층은 대부분의 목조기둥이 없어진 상태였

공구박물관

으며, 철골조에 의해 개조된 상태였고 2층으로 오르내리는 내부계단
을 없애고 외부 마당으로 증축하여 사용하였으며, 건축물대장상에서
마당에 불법 증축하여 사용하고 있었다. 2층의 목조틀에 맞추어 목조
기둥과 계단을 복원하였으며 내부는 공구상의 내부공간으로 연출하
였으며, 2층은 주거공간으로 사용하던 다다미방을 복원하고 공간을
다용도로 활용할 수 있도록 미닫이문으로 구획하였다. 2층천정은 일

뜨락

식지붕 구조를 노출하여 공간의 개방감을 연출하였다. 외형은 마치야의 외관에 따른 분류에서와 같이 간판건축으로서의 가능성도 배제할수 없었으나 목구조미를 살리기 위한 디자인으로 진행하였다.

## 3. 뜨락

1954년 폭8m, 깊이 13.5m, 1층높이4m, 인근의 용도가 창고, 공장, 제조업이 많은 것으로 보아 창고로 사용되었으며, 2층은 다다미 등의 흔적으로 보아 주거공간으로 사용되었다. 1층의 기둥간격이 넓어 상가 및 제조업의 용도에 적합하다. 용도변경 시 일반 목구조에 비해 기둥간의 거리가 넓어 공간 활용이 용이하며, 따라서 1층은 카페, 2층은 갤러리로 활용하려 한다. 1층과 2층의 목구조 마루바닥과 지붕의

믹스카페

왕대공트러스구조를 노출하여 공간의 개방감을 연출한다.

## 4. 믹스카페

　전면의 철근콘크리트 상가건물(1956년)과 더불어 안쪽마당에 접해 있는 2층의 일식가옥(1927년)은 기존의 필지를 분할하면서 2/3정도가 잘려나가게 되었으며, 따라서 기형적인 상태로 방치되어 있었던 건축물로 이면도로에 방치되어 있던 건축물의 재생사례라 할 수 있다. 1층의 훼손된 구조는 되살리고 2층의 다다미방은 복원, 일식지붕은 노출시켰으며, 지붕의 슬레이트는 교체하였다. 후면의 중정과 접하는 콘크리트건물과 목조가옥의 대비와 함께 내부공간과 외부공간의 공간전이를 유도하고 있다.

북성로에 면하고 있는 목조 상가주택의 대부분은 첫째, 활용 가능함에도 방치됨으로써 도시공간의 낭비를 초래하고 있으며 둘째, 오랜 시기에 걸쳐 무분별한 개축과 증축을 통해 도시정주환경을 저해하고 있다. 셋째, 도시경관적 측면에서 도시미관을 해치고 있고, 넷째, 방치된 건축물로 도시범죄의 위해시설로 남게 되었으며, 도시 인프라의 사각지대가 되면서 도시 환경저해의 주범이 되고 있다. 다섯째, 도시 내 역사 문화자원 및 건축자산으로서의 가치가 미활용 되고 있으며, 마지막으로 상가주택으로서 주거기능이 소실됨으로 인해 도심공동화 현상이 심화되는 주요인이 되고있는 문제점을 안고 있다.

최근 낙후된 도시가로건축의 주대상으로 인식되었던 상가주택은 건축자산으로서의 가치를 인정받기 시작하면서 도시재생의 대표사례로 변화하고 있다. 북성로에 면한 상가주택은 북성로의 정체성을 드러낼 수 있는 중요한 건축자산의 한 유형으로 대구시의 정체성을 드러내는 주요한 키워드 중의 하나로 인식되고 있다. 현존하는 북성로 상가주택의 리노베이션을 통한 활용방안을 다음과 같이 제시한다.

첫째, 북성로의 상가주택은 일본의 마치야와 같은 유형적 특징을 지니며, 이는 근대초기에 나타나는 도시화에 따른 상가주택의 일반적 유형으로 이해해야 할 것이다. 둘째, 북성로 상가주택의 근대초기의 건축자산적 가치를 이해하고 문화재로서의 보존이 아닌 현재적 시점에서의 활용적 가치를 드러내기 위한 근대건축물 리노베이션 가이드

라인을 위 사례들을 중심으로 제시한다. 셋째, 건축물이 지닌 장소성, 건축형태적인 특징에 부합하는 리노베이션을 통한 새로운 가치 창출로서 도시관광자원으로 활용한다. 넷째, 현재 북성로에 적용되는 도시계획법, 건축법, 위생법, 소방법 등의 관련법 내에서는 현존하는 근대건축물의 보전 및 재생 활용에 적합하지 않으며, 따라서 새로운 건축진흥구역 지정, 지구단위계획 및 조례 등을 통한 도시계획법의 정비가 요구된다.

90년대 이후 성장을 멈추고 정지된 듯한 원도심은 대한민국의 도시역사를 한눈에 보여줄 수 있는 전통과 근대, 산업시대를 거쳐 현대의 모습을 모두 담고 있다. 도시는 다양한 인간활동의 집합체로서 다양한 시대의 산물을 품고 있는 곳으로 시대마다의 다양한 사건과 기억을 담고 있는 시간의 집합체로서 하이브리드한 접촉과 화학적 반응에 따른 새로운 문화를 형성하는 장소로의 역할을 해야 한다. 대구도시가 지닌 잠재력은 다양한 이종결합의 장이 될 수 있는 다양한 도시건축자산을 남겨놓고 있다는 것이다.

하이브리드는 원래 이질적인 요소가 서로 섞인 것으로 이종(異種), 혼합, 혼성, 혼혈이라는 의미로서 또한, 이종간의 결합으로 부가가치를 높인 통합적 코드를 이른다. 현실에서는 전자기기, 자동차, 문화예술 등 인간 삶의 다양한 분야에서 나타나고 있다. 4차 산업혁명에 따른 도시혁명을 야기하고 있는 지금, 인간 삶의 집합체인 현대도시는 어떻게 변화하고 있는가? 도시는 일찍이 혁명의 시대를 거치면서 과거를 부정하고 새로움을 지향했던 국가주도의 개혁의 시대를 거쳐 여전히 미래를 쫓아 달려가기를 강요받고 있다. 도시발전의 허상을 쫓아 개발의 칼날을 주저하지 않았기에 도시민 개인의 기억은 도시에서 사라지고 있다. 도시의 장소성은 개인이 장소에서 가지는 경험과 기억을 통하여 형성된다. 도시 삶의 기억이 저장된 공간에서 시간성과 함께 장소성으로 되살아난다.

도시정체성을 찾고자 하는 노력은 오래전부터 각 도시별로 경주하고 있으며, 도시이미지로서 단일한 이미지로 표현하기보다 도시의 다양성을 표출하기 위한 하이브리드한 정책들이 펼쳐지고 있다. 하이브리드 도시를 지향함에 있어 선제적 조건이 도시가 지녀온 시간과 공간의 다양한 장소성이 전제되어야 한다. 전통의 역사성 위에 근대, 산업사회를 거쳐 현대도시를 사는 우리의 도시, 대구는 얼마나 다양한 장소를 품고 있는가?

대구는 전통과 근대의 이종교합과 함께 근대도시 형성과정에서 하이브리드로 태동된 도시였으며, 산업도시로의 성장과 현대에 이르기까지 지속적인 이종교합과 함께 새로운 도시장소성을 만들어왔던 도시이다. 미래의 대구 도시는 어디로 갈 것인가? 새로운 도시혁명을 이룰 수 있는 대구의 정체성에 대한 재인식이 필요한 때이다. 도시혁명은 기억을 없애고 새롭게 만들어지는 것이 아니라 기억과 존재의 바탕 위에 이종교배에 따른 새로운 장소를 만들어가는 것이다. 그러기에 사라져가는 대구도심 폐허속의 도시건축자산은 미래의 대구도시를 만들기 위한 자양분이라 할 수 있다. 대구는 하이브리드한 도시혁명을 이루기 위한 최상의 인프라를 갖춘 도시이다.

# 제5장

# 4차 산업혁명시대
## : 일본, 독일, 이스라엘, 미국의 고등교육정책

박종문*

2023~2024년 한국 학계와 산업계는 연구개발(R&D) 예산 삭감 문제로 논란이 한창이다. 경제협력개발기구(OECD) 국가에 비해 고등교육에 대한 정부예산 지원이 턱없이 부족한 현실에서 그나마 R&D 예산이 OECD 최상위권이라 국가경쟁력을 유지하고 있었는데 정부가 그마저 대폭 삭감하겠다고 나섰으니 학계나 산업계에서 반발하는 것은 당연해 보인다.

2019년 기준 한국의 학생 1인당 고등교육 공교육비의 정부 부담은 OECD 38개국 중 32위 수준이다. OECD 평균의 37.3%에 불과하다. 반면 국내 총생산(GDP) 대비 연구개발비 비중은 세계 최정상급이다. 2021년 한해 동안 국내 R&D에 투입된 비용은 약 102조 1천억 원으

* 영남일보 편집국 부국장

로 GDP 대비 약 4.96%로 이스라엘에 이어 세계 2위라고 한다. 간단히 요약하면 고등교육에 대한 정부투자 미흡을 상대적으로 풍부한 R&D 투자로 상쇄하고 있었던 것이다. 만약 정부가 내년 R&D 예산을 대폭 삭감한다면 국제 경쟁력에 빨간불이 켜지지 않을까 우려된다.

나라 밖으로 시선을 돌리면 우리와 달리 다른 나라는 R&D에 국가운명을 걸었다고 보일 정도로 혁신적인 투자에 국가재원을 쏟아붓고 있는 실정이다. 4차 산업혁명을 선도하기 위해 세계는 지금 격변기에 들어섰다. 모든 곳에서 세계화는 가속화되고 있고, 정보통신과 디지털 기술혁신은 생활권을 지구촌으로 넓히고 있다. 국가 간 상호 영향과 의존도도 급속히 높아지고 있다. 빈곤이나 분쟁, 감염증이나 환경문제, 에너지 문제 등은 전지구적인 과제가 됐다.

여기에다 4차 산업혁명의 파도가 밀려오면서 인류는 전혀 낯선 환경에 직면해 있다. 자라나는 아이들의 65%는 대학 졸업 후 지금은 존재하지 않는 직업에 종사한다고 한다. 앞으로 10~20년 사이 47% 정도의 일자리가 자동화할 가능성이 높다고 학자들은 예측하고 있다. 2030년이 되면 주 15시간 근무가 보편화한다고 한다. 산업혁명 후 지속돼 온 인류 삶의 패턴이 송두리째 바뀌는 것이다.

앞으로 인류에게 닥칠 미래에 대한 예측을 종합해 보면 세상의 변화는 예상보다 훨씬 빠른 속도로 진행되고 있다. 미래 직업은 불투명하며, 생활환경 변화는 예측도 쉽지 않을 정도로 변화 폭이 크다. 지금과 같은 교육으로는 더 이상 지식발전도, 인재육성도 기대하기 어렵다. 때문에 세계 각국은 생존 차원에서 대대적인 교육혁신에 나서고 있다. 특히 대학혁신에 국가자원 배분을 늘리기 시작했다. 4차 산업혁명이 시작되면서 세계 각국은 디지털 전환 여부가 국가의 운명을 좌우할 것으로 보고 대학을 혁신주체로 삼아 과학혁신을 주도하고 있다. 대학교육과정을 혁신하고 융합연구를 통해 4차 산업혁명의 주도권을 쥐려는 것이다.

# 1. 독일의 고등교육정책

## 1) 4차 산업혁명 주도

독일은 세계에서 셋째로 많은 노벨수상자를 배출한 나라로 인재개발 및 과학기술 육성으로 경제대국이 됐다. 4차 산업혁명이 시작되면서 독일은 현재 미국과 치열하게 4차 산업 프레임 경쟁을 하고 있다. 독일은 고등교육기관(대학)이 국가혁신체계의 핵심이라고 보고 미래지향적 관점에서 대학정책을 펴오고 있다. 특히 과학기술정책을 대학중심으로 전개하면서 국가혁신역량을 높여가고 있는 점이 눈길을 끈다.

21세기에 들어서는 4차 산업혁명을 주도하기 위해 연방정부와 주정부가 협력해 고등교육 및 과학연구에 대규모 예산을 투입하는 등 대학혁신을 지원하고 있다.

## 2) 고등교육 수요 확대

독일에는 1386년 설립된 하이델베르크대학을 비롯해 역사와 전통을 자랑하는 대학이 많다. 전통적으로 '순수학문 연구'와 '지식 전수'를 대학의 주요기능으로 강조해 왔다. 때문에 1950년에는 대입 적령기 학생의 5%만이 대학에 진학했다. 대부분 학생은 중학교나 고교 졸업 후 직업학교를 통해 사회에 진출했다. 산업화에 필요한 절대인력을 직업학교를 통해 배출한 것이다.

하지만 1968년 소위 68학생운동 이후 대학진학 수요가 급증하면서 독일 대학은 양적 성장을 한다. 나아가 산업고도화에 따른 고급인력 수요가 늘어나면서 2000년 전후로 엔지니어, 전산, 사회복시, 농업, 디자인 등의 분야에 대한 인력육성을 위해 전문기술대학이 많이 생겨났다.

이에 따라 2009학년도 겨울학기 기준으로 410개 대학에 212만명이 재학하게 된다. 또 2014년부터는 대학 진학생 수가 직업학교 학생 수를 초과했다. 직업학교 졸업생 가운데도 3분의 1이 대학입학자격을 취득하고 있다. 2018년 통계에 따르면 동일 연령대 50% 이상이 대학에 진학하고 있어 고등(대학)교육이 명실상부 보편적 교육으로 자리잡고 있는 것으로 나타났다.

그러나 1970년부터 시작된 양적 팽창에도 불구하고 국가재정 투입이 이에 미치지 못하면서 교육 및 연구기능이 침체되는 현상이 2000년대까지 이어졌다. 급기야 세계대학 주요 랭킹에서 독일 대학이 밀려나면서 독일 연방정부와 주정부는 대대적인 대학교육 혁신에 착수했다.

### 3) 탁월 대학 프로그램

대학 경쟁력을 향상시키기 위한 독일의 정책은 무려 20년이 넘는 장기계획으로 진행되고 있다. 먼저 주목되는 것은 독일 내 10여개 대학을 국제 톱 랭킹으로 끌어올리는 것을 골자로 하는 '우수대학 이니셔티브' 정책이다. 연방정부와 주정부는 대학의 국제 경쟁력 제고를 위해 2005년 7월 '탁월(우수)대학 이니셔티브(Exzellenzinitiative)' 협정에 서명했다. 대학혁신 및 경쟁력 강화를 위해 2006~2011년 총 19억 유로를 지원하기로 하고 연방정부가 75%, 주정부가 25%를 부담하는 내용이다.

이 사업은 3개 카테고리로 짜였다. 대학·산업계·공공연구기관이 공동으로 참여하는 '우수클러스터 지원사업(Exzellenzcluster)'은 세계적 수준의 연구 진흥을 목표로 37개의 클러스터를 선정하고 클러스터 당 매년 약 650만 유로를 5년간 지원했다. 젊은 연구원을 지원하기 위한 박사과정의 '대학원 육성사업(Graduiertenschulen)'을 통해서는 약 40개 대학원을 선정해 대학원당 매년 약 100만 유로를 5년간 지원했다. 그리고 '미래대학 육성사업(Zukunftskonzepte)'은 우수클러스터사업과 대학원 육성사업에 선정된 대학 가운데 일부(우수) 대학을 선정해 집중 육성하는 것이다. 세계 수준의 대학 연구와 국제 경쟁력 향상을 위한 '미래대학 육성사업'에 선정된 대학은 엘리트대학으로 불렸으며, 1차로 3개 대학이 선정됐다.

대학 경쟁력 향상을 위한 노력은 여기서 끝이 아니다. 연방정부와 주정부는 사업 종료 2년을 앞둔 2009년 우수대학 이니셔티브 사업을

2017년까지 계속(2단계)하기로 결정했다. 27억 유로의 기금으로 2012년 11월부터 2017년 10월 말까지 두 번째 프로그램을 진행한 것. 1·2단계를 통해 브레멘대, 훔볼트대, 베를린자유대, 아헨공대, 쾰른대, 드레스덴공대, 하이델베르크대, 튀빙겐대, 콘스탄츠대, 뮌헨대, 뮌헨공대 등 11개 대학이 우수(엘리트)대학에 선정돼 연방정부와 주정부의 집중지원을 받았다.

6년 단위 사업을 두 차례나 성공적으로 진행한 독일은 2018년 '7+7 계획' 이행에 들어갔다. 대학경쟁력 향상을 위해 30년에 걸친 장기 프로젝트를 가동한 것이다. 우수대학 이니셔티브 후속정책은 2018년 수립된 탁월대학육성전략(Exzellenzstrategie)이다. 이 전략은 세계적 톱 클래스 대학 육성을 목표로 매년 5억3천300만 유로를 탁월대학집단 및 탁월대학으로 선정된 대학에 최장 14년 동안 지원하는 정책이다. 독일 정부는 2018년 9월 34개 대학 57개 사업을 '탁월대학집단'으로 선정했다. 2019년 1월부터 2025년 12월까지를 사업기간으로 해 7년간 27억 유로를 지원한다. 연간 3억8천500만 유로를 들여 사업당 300만~1천만 유로를 투자할 예정이다. 평가 후 7년 더 지원할 계획을 갖고 있다.

'독일정부는 또 2019년 7월에 11개 탁월대학(엘리트대학)을 선정해 집중 육성에 나섰다. 11개 대학은 아헨공대(RWTH Aachen), 베를린 대학 연합(Berlin University Alliance), 본 대학(Rheinische Friedrich-Wilhelms-Universität Bonn), 드레스덴공대(Technische Universität Dresden), 함부르크대학, 하이델베르크대학, 카를스루에공대, 콘스탄츠

대, 뮌헨대(LMU), 뮌헨공대(TUM), 튀빙겐대 등이다. 이들 탁월대학에는 2019년 11월부터 2026년 10월까지 7년간 매년 1억4천800만 유로를 투입해 대학별로 매년 1천만~1천500만 유로를, 대학연합에 1천500만~2천800만 유로를 추가 지원한다. 이들 사업은 단계 평가를 거쳐 2025년 이후 7년 더 진행된다.

## 4) 글로벌화

2013년 4월 독일 연방정부와 주정부는 공동으로 '독일 대학의 국제화를 위한 장관 전략'을 채택했다. 목표는 독일과 다른 나라 간 학생 이동성을 대폭 증가시키는 것이다. 학생들은 재학 기간 중 해외에서 시간을 보냄으로써 추가적인 기술을 습득하고 현대사회에 필요한 국제경험을 쌓을 수 있다. 정부는 해외에서 적어도 3~15개월간 유학하는 재학생의 비중을 차츰 늘렸다. 2020년까지 해외 파견 유학생을 35만명으로 늘리는 목표를 설정했는데 2019년에 이미 달성했다고 한다. 독일 젊은 학자들이 과학적으로, 문화적으로 국제적인 자격을 갖추도록 하기 위해 학생·졸업생·과학자의 교류를 확대한 결과다.

앞서 독일학술교류처(DAAD)는 2010년부터 독일 학생의 이동성 향상 프로그램(PROMOS)을 통해 독일 고등교육기관을 지원하고 있다. 또 2015년 DAAD는 'StudyWorldwide-ExperienceIt!'캠페인을 통해 단기 연구, 인턴십, 언어·전문 과정, 그룹여행을 제공하며 해외체류를 촉진시키고 있다.

이외에도 다양한 해외교류 프로그램이 마련돼 있어 현재 해외의 독일 대학 22개 프로젝트가 연방정부의 지원을 받고 있다. 여기에는 카이로 독일대학(GUC), 독일 요르단 대학(GJU), 오만 기술독일대학 (GUtech), 한국 프리드리히 - 알렉산더 대학, 에를 랑겐 - 뉘른베르크 FAU부산 캠퍼스 등도 있다.

1999년에 출범한 볼로냐 프로세스(BolognaProcess)도 유럽 내 학생 교류를 더욱 촉진시키고 있다. 볼로냐 프로세스는 영국·프랑스·독일·이탈리아 등 29개 유럽 국가들이 이탈리아 볼로냐에서 모여 2010년까지 단일한 고등교육제도를 설립해 유럽 대학의 국제 경쟁력을 높이고자 설립됐다. 볼로냐 선언 후 유럽연합에 속하지 않은 국가도 참여해 회원수가 48개국으로 늘었다. 특히 국립대의 학위제를 통일시킨 점이 눈길을 끈다. 이전까지 유럽 대학은 학사와 석사과정을 통합해 배우는 마스터 과정을 운영해 왔다. 하지만 볼로냐 프로세스는 이를 미국식 학사·석사·박사제도로 개편했다. 영미권과 동일한 학제로 정비함으로써 국가 간 학생 이동성을 높이고 국제교류를 강화한 것이다. 또 유럽 국가들이 대학 내 구성원의 다양성을 확보하기 위해 1987년부터 시작한 교환학생 프로그램인 에라스무스 프로그램 (ErasmusProgram)도 국제화에 기여하고 있다.

## 5) 독일대학 현황

독일 대학은 다양한 형태를 띠고 있어 국내대학과 성격 비교가 쉽지 않다. 용어로 보면 우리나라 전문대 같지만 실상은 4년제 일반대학인 경우가 많다. 독일연방교육연구부(BMBF)에 따르면 2022/2023

년 기준 독일 고등교육기관( Hochschulen)은 423개교로 2018년 겨울 학기 기준으로 428개교에 비해 5개교 줄어들었다. 하지만 추세를 보면 2003년 373개, 2009년 410개 등으로 매년 가파른 증가세에 있다. 이에 BMBF는 대학의 종류를 Universität, Allgemeine Fachhochschule, Kunsthochschule, Verwaltungsfachhochschule, TheologischeHochschule, Padagogisch Hochschule로 구분하고 있다.

Universität(108개교)는 종합대학으로 우리나라 4년제 일반대학으로 이해하면 된다. Universität는 전통적으로 학·석사 공통과정으로 연구중심대학 성격이 강하다. 볼로냐 프로세스 학제개편으로 미국이나 유럽 여러나라와 같이 4년제 학사과정을 도입했지만 졸업생의 3분의 2가 석사과정에 입학할 정도로 연구중심대학 기능은 여전히 강하다.

Allgemeine Fachhochschule(211개교)는 우리말로 번역하면 일반기술대학, 응용기술대학 정도가 된다. 공과대학이나 4년제 단기전문대학으로 이해하면 될 것 같다. 이 범주에는 소위 독일 유명 공과대(Technical University · TU)가 포함된다. 독일의 공학대학은 자연과학과 공학분야에 특화돼 있다. 역사적 배경에 의해 인문과학 분야의 전공이 개설되는 대학들도 있다. 이들 대학 가운데 연구중심대학으로 9개의 주요 공과대학(TU-9)이 있다. 'TU9 Universitaten'에는 아헨공대, 베를린공대, 브라운슈바이크공대, 다름슈타트공대, 드레스덴공대, 라이프니츠 하노버대, 카를스루에공대, 뮌헨공대, 슈투트가르트대 등이 있다.

Allgemeine Fachhochschule에는 응용학문대(University of Applied Science)도 있다. 음악치료, 건축학, 미술치료, 관광학, 와인 등 실습이 중요하고 필요한 학과들을 포함하고 있는 대학이다. 이런 전공들은 종합대학이 아닌 응용학문대학에서 공부한다. 따라서 Allgemeine Fachhochschule는 Universität의 아래 단계 대학이 아니라 성격이 다른 대학인 것이다.

Kunsthochschule(52개교)는 우리나라 예술대학에 해당한다. 음악대학(Musikhochschule) 등은 Universität 내에는 없고 별도 대학으로 설립돼 있다.

종합대학에서 음악을 전공하는 경우는 음악학(Musikwissenschaft)·음악사(Musikgeschichte)등과 같이 이론을 전공할 때다. 악기연주, 성악, 작곡 등 대부분은 음악대학에서 공부한다.

이 밖에 Verwaltungsfachhochschule(30개교)는 행정대학이고, Theologische Hochschule(16개교)는 신학대학, Padagogisch hochschule(6개교)는 교육대학을 지칭한다.


## 2. 이스라엘 고등교육정책

유대인은 이스라엘이 건국되기 약 100년 전인 19세 중엽부터 대학 설립과 과학기술 개발의 중요성을 인지하고 있었다. 18세기 중엽 영국에서 시작된 산업혁명을 지켜본 유대인들은 장차 나라가 생길 경우 과학기술력이 있어야 국가경쟁력을 가질 수 있다고 판단한 것이다.

팔레스타인 지역에 유대인 국가 건설을 목적으로 한 유대 민족주의 운동인 시온주의(Zionism)보다 몇 십년 앞서 유대인 대학 및 과학연구소 설립 움직임이 일기 시작한 것이다. 이 같은 움직임이 전 세계에 흩어진 유대인 간에 공감대가 형성되면서 1920년대에 팔레스타인 사막지역에 유대인 대학과 과학기술연구소가 설립되기 시작한다.

국가를 세웠을 때 가장 필요한 것이 나라를 유지·발전시킬 수 있는 과학인재라고 보고 한푼 두푼 모은 성금으로 사막에 대학과 연구소를 세운 것이다. 알버트 아인슈타인 등 유대인 과학자들이 대학교육과정 마련과 과학연구소 설립 등에 큰 영향력을 미쳤다.

1948년 이스라엘 건국에 성공하면서 대학과 기술연구소는 국가 형성에 필요한 인재를 적기에 공급할 수 있었다. 그리고 지금은 인터넷으로 대표되는 4차 산업혁명 시대를 맞아 새로운 대학육성전략을 수립하고 국제 경쟁력 향상을 위해 국가재정을 집중 투자하고 있다.

## 1) 고등교육정책 전담 고등교육위원회와 기획예산위원회

이스라엘의 고등교육기관 업무는 교육부가 아닌 고등교육위원회(The Council for Higher Education · 이하 CHE)에서 총괄하고 있다. 대학정책이 정치권의 영향을 받지 않고 순수한 교육발전측면에서 정책을 수립하고 집행하기 위한 것이다. 이스라엘은 1948년 건국 후 치열한 논쟁을 거쳐 정치와 행정으로부터 독립된 고등교육정책 기관을 만들기로 하고 1958년 고등교육위원회(CHE)를 출범시켰다. CHE는 이스라엘 고등교육 정책을 전담하는 독립기관이다. 학문의 자유에 대한 침해와 간섭을 막기 위해 정치권으로부터 고등교육제도를 분리하기 위한 목적으로 독립법인으로 출범했다.

CHE의 위원은 19명 이상 25명 이하로 교육부장관이 위원장을 맡는다. 현재 위원은 25명이다. 위원 3분의 2 이상은 교육부장관이 협의를 거쳐 대학과 연구소 교수를 추천하면 대통령이 임명한다. 두명의 학생연합 대표도 당연직 위원이다. 임기는 5년이다. 각 위원간 자유로운 의사결정으로 위원회를 운영하며, 위원장인 교육부장관이 의사결정 과정에 부당하게 개입할 수 없다. 정부 또한 CHE에 어떤 간섭도 할 수 없으며, 위원회의 의사결정권을 존중해야 한다는 것이 고등교육위원회법에 명시돼 있다.

CHE는 이스라엘 고등 교육과 관련된 일체의 권한을 갖고 있다. 구체적으로는 △고등교육기관 허가권 △고등교육기관 인증권 △ 학술협력 증진 및 확장 정책 △학위 수여 감독 △고등교육 기관 추가 설립 및 합병 권고권 △고등교육 정책 입안 △새로운 학위 및 프로그램 인증 제공 △고등교육기관 신규 설립 및 외국대학 분교 허가 등의 권한과 역할을 갖고 있다.

고등교육위원회에는 또다른 독립 위원회로 1972년 기획예산위원회(The Planning and Budgeting Committee · 이하 PBC)를 출범시켰다. 고등교육기관이 확대되고, 예산규모가 커지면서 전문적인 정책수립 및 예산집행기관이 필요했기 때문이다.

PBC는 7명의 위원으로 구성되며, 3년 임기로 교육부 장관이 임명한다. 7명 가운데 2명은 대학 교수, 1명은 대학이 아닌 고등교육기관

(예 연구소)의 교수, 2명은 정부 경제분야 관계자여야 한다. PBC위원장은 CHE의 위원이며, 임기는 6년이다. 위원장 임기가 6년인 것은 이스라엘은 고등교육 정책의 일관성과 독립성·전문성 유지를 위해 PBC에 6년 단위로 고등교육예산을 편성해 배정하는 것과 관계가 깊다. 정치적 상황이나 비상상황에서도 고등교육정책이 일관성을 유지할 수 있도록 6년 단위 예산을 편성한 것이다.

PBC도 기본적으로 독립성이 보장돼 있다. PBC는 학문적·국가적 요구를 모두 고려한 국가 차원의 고등교육 발전을 위한 예산편성을 정부에 제안하고, 정부 예산 가운데 고등교육의 몫을 재정부와 협상한다. 또 확보된 예산을 가지고 각 고등기관에 배분하는 역할을 하며, 추가적으로 대학경쟁력 강화를 위한 각종 정책을 수립해 시행하면서 목적성 예산을 배분하는 권한도 가지고 있다. CHE에도 고등교육 프로그램을 제안하고 이를 위한 기금계획을 수립한다. 기존 고등교육에서 새로운 기관을 설립할 때 새 기구의 필요성이나 예산수요 등 전문적인 견해를 CHE에 제시한다.

현재 이스라엘에는 8개 대학, 1개 개방대학, 20개 국립 칼리지(학사과정만 있음), 12개 사립 칼리지, 21개 국립 사범대학 등 모두 62개 고등교육기관이 있다. 이 가운데 사범대학과 사립 칼리지를 제외한 29개 고등교육기관을 CHE가 관할하고 있다. 현재까지 사범대학은 교육부 소관이지만 관할권을 고등교육위원회로 넘기려는 정책을 펴고 있다.

이들 62개 고등교육기관에는 모두 30만6천여 명의 학생이 재학중이다. 이 가운데 학부생이 23만여 명, 석사 과정생이 6만3천여 명, 박사 과정생이 1만 1천여 명이다. 이스라엘 인구가 850만명을 조금 넘는 것과 비교해 대학생 비율이 매우 높다. 인구대비 대학생 비율이 OECD국가 중 둘째로 높다고 한다. 이는 이스라엘이 인구증가 정책으로 학령인구가 급증했기 때문으로 분석된다. 이스라엘 학생들은 대체로 의무교육인 고등학교 졸업 후 남자는 3년, 여자는 2년간 군복무를 하고 1년 정도 해외 배낭여행 등을 한 뒤 대학에 입학해 다른 나라에 비해 대학신입생 연령이 3~4세 높다.

## 2) 뉴 캠퍼스 정책

이스라엘 고등교육위원회(The Council for Higher Education)는 대학혁신과 경쟁력 향상을 위해 6개년 계획(2017~2022)인 뉴 캠퍼스(The New Campus) 프로젝트를 가동했다. 뉴 캠퍼스 구상의 시작은 인터넷 혁명이다. 인터넷 혁명은 교육뿐만 아니라 연구 방법 및 취업에도 막대한 영향을 미치면서 대학혁신의 필요성이 제기된 것이다. 이 인터넷 혁명으로 기존 대학 커리큘럼이나 교수법으로는 시대가 요구하는 인재를 육성할 수 없다는 것이다. 특정 직업의 소멸과 새 직업군의 탄생, 평생 학습체계의 세계적인 변화, 그리고 이스라엘과 해외 고등교육기관 간의 광범위한 학제 간 융합연구 및 지식 교환이 필요해짐에 따라 대학혁신 프로그램을 마련한 것이 뉴 캠퍼스 구상이다.

뉴 캠퍼스는 이스라엘 대학이 21세기에 적응하고 교수와 학생이

다른 학문 분야 간, 학제 간 장벽을 제거하면서 개방성과 기업가 정신을 장려하는 것이 핵심이다. 이스라엘 고등교육위원회 기획예산위원회(The Planning and Budgeting Committee) 위원장인 야파 질버샤츠(Yaffa Zilbershats) 교수는 다음과 같은 점을 강조했다.

### △ 디지털 학습

고등교육위원회는 인터넷을 활용해 누구나 쉽게 접근할 수 있는 혁신적인 교육법인 디지털 학습체계를 구축하고 있다. 디지털 학습의 잠재력을 극대화하기 위해 온라인 학습 과정이 개발되고 있다. 인터넷 활용은 수업 중에 실제로 존재하지 않는 가상의 디지털 도구를 사용하여 지식의 영역에 도달할 수 있게 한다. 이는 고등 교육 과정을 보다 쉽게 활용할 수 있도록 하면서 교육의 질과 학습 경험을 향상시킬 수 있는 효율적인 수단으로 보고 있다. 이 이니셔티브를 통해 교수들의 지식 이전을 촉진시키고 학생들의 학습 경험을 향상시키는 데 도움이 되는 대화식 프레젠테이션 및 비디오와 같은 다양한 도구 및 옵션을 제공하는 최첨단 온라인 교육 과정이 만들어지고 있다. 온라인 교육과정은 무료이고 개방적이라 모든 사람이 접근할 수 있다. 이를 통해 학생과 일반 대중이 다양한 주제를 자유롭게 배우도록 해 사회적 지식 격차를 줄이는 데 일조할 것으로 보인다.

한 걸음 더 나아가 이스라엘은 글로벌 디지털 학습 혁명과 연계하기 위해 미국 하버드대학과 MIT가 설립한 국제 edX플랫폼에 가입했다. 이를 통해 이 플랫폼에 가입한 현지 학술 기관은 이스라엘 플랫폼에 강좌를 제공할 수 있다. 이 국가 주도적 사업인 디지털 이스라엘 (DigitalIsrael)은 사회복지부와 함께 진행하고 있다.

이스라엘은 이 디지털 학습 촉진을 통해 20대 이후 세대에게 새로운 지식에 쉽게 접근하도록 할 방침이다. 디지털 혁명으로 역동적으로 변한 고용 시장에 대처하기 위해서는 주기적으로 국민들이 새로운 지식을 배워 일터를 바꿔야 하는 만큼 뉴 캠퍼스는 모든 사람이 자신의 지식과 전문 직업을 넓히기 위해 재 숙련이나 기술 향상을 가능하게 하는 목표를 가지고 진행하고 있다.

또 젊지만 시대에 뒤처진 학생들, 새로운 직업을 준비하는 사람들, 자신의 풍요로운 삶을 위해 새로운 교육을 받기를 원하는 노인들에게 배움의 기회를 주자는 것이 뉴 캠퍼스의 비전이다. 이스라엘은 뉴 캠퍼스를 통해 사회의 서로 다른 부문들이 서로에 대해 이해하는, 다문화 및 세대 간 대화를 증진시키는 장소가 되기를 기대하고 있다.

### △ 학제 간 융합교육

오늘날 세계 경제에서는 노동 시장의 요구가 급속히 변화하고 있다. 기업은 광범위하고 균형 잡힌 교육을 통해 협업능력을 갖춘 인재를 찾고 있으며 다양한 분야의 지식을 요구하고 있다.

이에 따라 뉴 캠퍼스정책은 수 백년 동안 존재해 온 학문 분야를 보존하기는 하지만 학제 간 연구를 방해하는 장벽을 혁신적으로 없애기 위해 노력하고 있다. 특히 다른 주제를 동일한 대학 학위에 통합하는 새롭고 다양한 조합을 허용하는 이중 전공을 장려한다. 예를 들어 이공계열 학생들도 인문학을 배우도록 하고, 인문사회학과 학생들은 기술 분야도 이중 전공을 할 수 있게 커리큘럼을 짜고 있다.

### △ 국제주의 강화

고등교육기관의 국제화 강화는 유능한 유학생을 받아들이고, 이를 통해 이스라엘 고등기관의 국제적 명성을 강화함으로써 이스라엘 학계의 경쟁력을 높이기 위한 것이다. 특히 이스라엘은 고등 교육의 국제화 촉진은 학문적 관점뿐만 아니라 정치적(외국과의 외교적 관계), 사회적·경제적 측면에서도 매우 중요하게 보고 있다.

2019년 현재 이스라엘 고등교육기관 유학생의 비율은 약 1.4%에 불과하다. 이 비율은 현재 약 6%인 OECD국가의 평균보다 현저히 낮다. 여러 가지 이유가 있지만 이스라엘의 고등교육기관에서 대부분의 교육이 히브리어로 진행됨에 따른 언어장벽이 큰 것으로 보고 있다.

나아가 유학생들의 배우자에 대한 비자 및 노동 허가 제한과 같은 정치적 장애물도 한몫하고 있다.

이에 따라 CHE(고등교육위원회)와 PBC(기획예산위원회)는 여러 제약요인을 제거해 2022년에 약 2만2천명의 유학생 유치를 목표로 잡고 있었다. 이는 2017년 유학생 약 1만1천명 대비 두배로 늘어난 수치다. 좀 더 구체적으로 살펴보면 2017~2022년 사이에 국제 박사 후 학생 비율은 120%(1천43명에서 2천300명)로 증가하고 국제 박사 과정 학생은 60%(791명에서 1천265명)로 증가할 것으로 예상했다.

또 같은 해에 국제 석사 학위 학생 수를 두 배(1천 462명에서 3천명)로 늘리고 국제 학사 학위 학생 수도 30% 증가(1천 933명에서 2천 500명)하기를 기대하고 있다.

여름학기 등 단기 프로그램 유학생 수도 150%(6천명에서 1만5천명) 늘릴 방침이다.

### △ 클라우드 시대의 열린 과학

이스라엘도 과학 연구에 모든 사람이 접근을 쉽게 하도록 하는 세계적 추세에 따라 열린 과학(Open Science)으로의 전환에 착수했다. 이 것은 한 연구원에게 거의 또는 전혀 쓸모가 없는 결과가 다른 연구원에게는 값을 매길 수 없을 만큼 유용할 수도 있기 때문이다. 열린 과학으로 인해 기초 연구가 주요 업무인 학계에서부터 산업계 및 비학술 단체의 연구원, 나아가 일반 대중에게도 과학에 대한 접근성을 높였다. 열린과학은 출판을 통한 데이터 수집, 처리 및 분석을 포함한 과학 연구의 모든 단계를 포함한다. 데이터 수집 단계에서 연구자가 관찰·측정 및 결과를 공유할 수 있게 하는 것은 급속하게 발전하고 있는 클라우드 기술로 가능해진 데이터 공유 방법론을 적극 활용하기 때문이다.

열린 과학 정책은 데이터 처리 및 분석 단계에서부터 혁신적인 연구 방법과 도구에 접근할 수 있도록 했다. 또 과학 출판도 신속하고 공평한 방식으로 연구 결과를 배포할 수 있는 공개 접근 방식으로 전환된다. 값비싼 구독료로 인해 접근이 차단된 각종 데이터 및 지식

에 대한 접근성을 높여 과학연구의 협업을 확대해 연구 성과를 높이
자는 것이다.

### △ 주력 연구 프로그램

고등교육위 기획예산위원회(PBC)는 국제경쟁력 확보를 위해 몇몇
연구에 국가예산을 집중적으로 배분하는 주력연구 프로그램(The Flagship
Research Program)도 진행하고 있다. PBC는 ▲개인 맞춤형 의약 개발
(Personalized Medicine) ▲양자과학과 기술(Quantum Science and Te-
chnology) ▲데이터 사이언스(Data Science) 등을 이스라엘의 주요 연구
주제로 정했다. PBC는 이 세 과학 분야에 대한 일관된 국가적 투자가
이스라엘 연구 능력 향상과 세계 지식 분야에서 이스라엘의 지위를
격상시킬 것으로 전망하고 있다.

### △ 창업 국가와 대학

이스라엘은 창업국가(Start-UpNation)로 불린다. 대학과 연구소뿐
만 아니라 모든 국민을 대상으로 창업교육을 하고 실제 많은 국민이
창업전선에 뛰어들어 대박을 노린다. 현재 이스라엘은 나라전체가 기
업가 정신으로 무장해 혁신을 이끌고 있는 모습이다. '뉴 캠퍼스' 비
전은 전 세계의 선도 기관에서 실시되는 실습과 마찬가지로 모든 학
문 분야의 학생과 교수진을 기업가 정신과 혁신의 세계에 노출시키
는 것을 목표로 한다.

워크숍, 경연 대회, 해커톤 및 자율 모임을 통해 캠퍼스에서 기업가

정신을 확산시킨다. 또 뉴 캠퍼스는 학생들이 능동적인 학습자가 될 수 있게 도와 주며, 획기적인 혁신을 촉진하는 공간으로 고등교육기관을 변모시키고 있다. 이를 위해 기업가 정신 및 혁신 센터가 각 대학 캠퍼스에 설립될 예정이다. 모든 대학생은 기업가 정신 교육을 받고 강사 및 연구원은 물론 전문 멘토와 협력하여 사회에 영향을 주는 의미있는 프로젝트를 창출하도록 하고 있다. 기업가 정신 및 혁신센터를 통해 캠퍼스에 혁신과 창조성을 높이고 학계와 산업계의 협력을 강화해 캠퍼스를 기업 생태계로 전환시키고자 하고 있다.

뉴 캠퍼스 플랜을 통해 10개 대학 캠퍼스에 기업가 정신 및 혁신센터를 설립하기로 했다. 히브리대, 텔아비브대, 테크니온 공대 등에 센터를 설립해 캠퍼스에 혁신적인 분위기를 조성하고 창업을 권장하기 위해서다. 또 예루살렘 시청사 등 자치단체 공간도 대학과 연계한 창업공간으로 변모시키고 있다.

나아가 창업을 위해 최근 3년간 하이테크 관련 전문가 학생을 두 배로 늘리는 프로그램도 진행하고 있다. 스타트업을 하려면 기본적으로 하이테크 지식이 필요한 만큼 컴퓨터사이언스, 데이터사이언스, 전자공학 등 하이테크 인력을 키워 창업기반을 강화하고 있다.

야파 질버샤츠 PBC위원장은 "스타트 업은 옛날 구닥다리 방식으로 가르쳐서는 안 된다. 기술과 인터넷 지식 등이 있어야 가능하다. 디지털 학습을 강화하고 비주얼·테크놀로지 활용, 자동실현 시스템 활용 등을 강조하는 것도 이 때문이다. 이런 첨단 과학과 기술을 이용해 캠퍼스를 창업과 혁신의 공간으로 변모시키자는 것이 뉴 캠퍼스

비전"이라고 말했다.

## 3. 일본의 고등교육 정책

### 1) 일본의 암울한 현실

일본 인구는 2008년을 정점으로 감소세로 돌아서 2030년까지 20~30대 젊은 세대가 약 20% 감소하는 것으로 예측되고 있다. OECD 는 일본의 65세 이상 인구가 전체 인구의 30%를 넘어 생산연령인구 비율이 가맹국 중 최하위가 될 것으로 전망했다. 특히 65세 이상 인구 가운데 75세 이상이 다수를 차지해 '간병' 문제가 심각한 사회문제로 대두되고 있다.

반면 초·중·고 학생 수는 모두 최근 감소세다. 2017년 조사에서 고등교육기관(대학) 진학 연령인 18세 인구는 약 120만명에서 2032 년에는 처음으로 100만명을 밑도는 약 98만 명이 되고, 2040년에는 약 88만명으로까지 감소할 것으로 추산됐다. 인구이동 면에서는 도쿄 일극(一極) 집중 추세가 가속화해 전체 인구의 4분의 1이 도쿄권에 살고 있다. 반면 인구감소와 대도시 이주로 인해 지방공공단체의 소멸 가능성이 제기되고 있다.

여기에다 2030년쯤에는 IoT(사물인터넷), 빅데이터, AI(인공지능) 등을 비롯한 기술혁신이 한층 진전돼 사회나 생활을 크게 바꿔 갈 것으로 보여 이에 대한 대비가 필요한 상황이다. 한편으로는 국민이 바뀐 환경에서 살아갈 수 있도록 교육을 강화해야 하고, 또 한편으로는 뒤처진 4차 산업혁명 산업경쟁력을 끌어올려야 하는 과제에 직면한 것이다.

## 2) 소사이어티 5.0

일본의 이러한 문제에 대해 종합적으로 대응하고 비전을 제시한 것이 소사이어티(Society) 5.0이다. 일본은 2016년 수립된 5기 과학기술기본계획에서 소사이어티 5.0을 발표했다. 인구감소, 초고령화사회, 그리고 4차 산업혁명으로 인한 삶의 변화에 능동적으로 대처할 수 있는 종합계획을 담았다.

소사이어티 5.0이 추구하는 인재상은 △인간의 강점인 현실 세계를 이해하고 의미있게 만들 수 있는 감성·윤리관 △대립적인 견해를 조정하는 능력 △책임감 등으로 규정했다. 따라서 학교 수업은 독해력 등 기반적인 학력을 확실히 습득시키면서 다양한 학습 프로그램을 통해 개성을 발전시켜야 한다고 지적했다. 더불어 과학적 사고, 통찰력, 호기심, 탐구력을 갖춰 새로운 사회를 견인하는 인재를 육성해야 한다고 강조했다. 이를 통해 해답 없는 문제에 대한 분석 및 대처능력을 향상시켜 불확실한 미래에 대한 적응력을 키우려는 것이다.

일본 일반대(4년제)는 인문계 50%, 이공계 20%(12만 명), 보건계 10%, 교육·예술계가 20%를 점유하고 있다. 이공계 비중이 독일(40%), 핀란드·한국(약 30%) 등보다 훨씬 낮다. 이에 따라 △'공정하고 개별적으로 최적화한 배움'을 실현하는 다양한 학습의 기회와 장소 제공 △기초적 독해력, 수학적 사고력 등 기반적인 학력이나 정보

활용 능력의 모든 학생 습득 △문·이과 융합 또는 통합교육 등이 필요하다고 강조했다.

학생 능력이나 적성에 따라 개별적으로 최적화한 배움의 실현을 위해서는 다양한 프로그램을 도입하기로 했다. 또 어휘의 이해, 문장의 구조적인 파악, 읽기, 계산력이나 수학적인 사고력 등 기반 학력 신장을 위해 학습지도방법을 개선하기로 했다. 나아가 인문계 학생이 확률·통계와 기초적인 프로그래밍을 배우고, 이과 학생은 인문·사회분야를 필수과목으로 하는 지침을 마련했다. 더불어 AI전문 인재의 육성, 데이터 사이언스 교육의 확대·강화, 글로벌교육 강화 등도 필요하다고 덧붙였다.

### 3) 대학교육 개혁

일본의 교육개혁은 3차 기본교육진흥기본계획(2018~22년)에 다 담겨 있다. 지난 10년간 국립대 법인화와 사립대 정원감축 및 학과개편을 유도해 온 문부과학성은 이번 3차 교육진흥기본계획 기간 중에는 △대학의 국제경쟁력 확보 △지방대의 지역밀착 강화라는 큰 흐름 속에서 다양한 개혁 프로그램을 가동했다.

우선 국립대는 비용, 편익을 계산해서 확실한 결과를 내는 방향으로 특성화를 유도하고 있다. 이를 위해 크게 세 가지 모델로 발전방향을 제시했다. 첫째 대부분의 지방 국립대는 지역밀착을 강화해 지역문제 해결의 혁신기관으로 자리매김하도록 할 방침이다. 이는 인구감소와 고령화로 침체를 겪고 있는 지방의 상황을 감안해 대학이 학생

교육뿐만 아니라 평생교육, 재교육, 사회교육 기능을 담당하게 하려는 취지다. 또 지역에 필요한 인재를 육성해 지역에 취업시켜 산업생산력을 높이고 정주인구도 늘어나도록 한다는 방침이다. 지역에 필요한 인력 공급을 위해 학과 개편을 유도하고, 학령인구 감소에 대응해선 국립대－국립대, 국립대－사립대, 사립대－사립대 협력 및 통·폐합을 유도하고 있다.

둘째는 공업대·예술대 등 특성화 대학은 광역권 또는 전국적 경쟁력을 갖도록 업그레이드한다. 특성화도 좀 더 경쟁력을 가질 수 있도록 차별화한 방향으로 유도하기로 했다. 경쟁대학과 유사한 대학이 아닌 유일한 대학, 독특한 대학으로 발전할 수 있도록 재정지원책을 펴고 있다.

마지막 모델은 최일류 우수대학 육성이다. 이들 대학은 국제경쟁력을 가질 수 있도록 문부과학성에서 중점 지원한다. 도쿄대·도쿄공업대·가쿠인대·교토대 등 5개 국립대는 중점지원 대학으로 지정됐다. 문부과학성은 이와 함께 도쿄대·교토대·오사카대·와세다대 등 일본 13개 대학을 세계대학 랭킹 100위권 내로 진입시킨다는 야심찬 계획을 세웠다. 또 가나자와대를 비롯한 국립 10곳, 공립 2곳, 사립 10곳 등 모두 24개 대학을 글로벌화 견인형 학교로 지정했다.

이를 위해 일본 문부과학성은 교육 분야 최대 국(局)으로 종합교육정책국을 2018년 10월에 신설했다. 인생 100년 시대, 슈퍼 스마트 사회(Society5.0), 세계화와 인구감소 등으로 직면하게 될 교육환경 변화에 적극 대처하기 위해 대규모 부서를 신설한 것이다. 국의 명칭에서 보듯 학교교육·사회교육을 통한 교육정책 전반을 종합적·횡적으로 추진한다. 종합 교육정책을 입안하고 집행·평가·개선한다. 종합교육정책국에는 정책과, 교육개혁·국제과, 조사기획과, 교육인재정책과, 평생학습추진과, 지역학습추진과, 남녀공동참가공생학습사회학습·안전과를 두고 있다.

특히 사회교육진흥총괄관을 배치한 것이 눈길을 끈다. 일본은 그동안 사회가 시스템적이고 안전한 탓에 평생교육 수요가 다른 나라에 비해 많지 않고 지금도 많이 부족한 실정이다. 하지만 이번 개편을 통해 평생학습사회 실현을 위한 사회교육 진흥에 적극 나선다. 4차 산업혁명으로 인한 변화된 사회에 적응하기 위한 교육, 지방 유지를 위한 지역사회 교육, 나만이 아닌 함께 사는 법을 배우는 교육 등을 위해서다. 종합교육정책국은 물론 문화청, 스포츠에이전시, 학교교육 담당부서 등과의 업무연계를 위해 사회교육진흥총괄관을 배치한 것이다.


## 4. 미국 고등교육정책 발달사

전세계 대학랭킹에서 미국대학들은 압도적으로 상위에 랭크돼 있다. 일반적으로 세계대학 랭킹 평가는 미국의 US News & World Reports, 중국 상하이교통대학의 ARWU(Academic Ranking World Universities), 영국의 QS(Quacquarelli Symonds)와 The Times의 THE 랭킹이 대표적이다. 이 가운데 US News & World Reports의 2022-2023

세계대학 랭킹에서 미국대학은 1위 하버드대를 비롯, 10위 존스홉킨스대까지 8개 대학이 톱10에 들었다. 나머지는 5위 옥스퍼드대와 8위 캠브리지대 등 영국이 두 개 대학 이름을 올렸다.

중국 상하이교통대학의 2023세계대학 랭킹에도 1위 하버드대를 비롯, 10위 시카고대까지 톱10에 미국대학은 무려 8개 대학이 이름을 올렸다. 영국 캠브릿지대가 4위, 옥스퍼드대가 7위로 비미국대학이었다. 평가기관이 영국인 2024QS는 톱10에 미국 4개, 영국 4개, 스위스 1개, 싱가포르 1개 대학이었고, 2024THE는 미국 7개, 영국 3개 대학으로 전세계 일류 대학 상위랭킹은 미국이 휩쓸고 있다.

미국이 독립하기도 전인 1636년에 설립된 하버드대(당시 명칭 New-College)가 최초의 대학으로 유럽에 비해 일천한 대학역사를 가진 미국이지만 21세기 대학은 미국이 표준이라 할 정도로 급성장했다.

전세계적으로 우수한 대학이 많다는 것은 그에 비례해 그 나라의 대학교육 수준과 연구력이 높다는 방증이다. 오늘날 미국이 전세계 경제와 산업을 주도하고 있는 것은 미국대학의 탁월성이 근본 에너지라고 볼 수 있다.

### 1) 최초의 대학 하버드대

현대의 대학은 중세 시대 성직자 양성기관에서 진화한 유럽의 중세 대학에 뿌리를 두고 있다. 1088년 이탈리아 볼로냐 대학이 최초의 대학으로 꼽힌다.

미국 최초의 대학은 1636년에 설립된 매사추세츠주 보스턴에 있는 하버드(Harvard)대학이다. 미국독립(1776년) 140년 전에 설립된 하버드대학은 유럽과 영국의 초기대학들과 마찬가지로 성직자를 배출하기 위한 목적으로 설립됐다. 영국에서 미국으로 이주한 신교도 중에서도 가장 엄격한 청교도들이 영국기후와 비슷한 매사추세츠 보스턴 남쪽지역에 정착한 뒤 그들의 청교도 정신을 이어갈 목회자 양성을 위해 하버드대학을 설립했다.

매사추세츠주를 비롯, 뉴햄프셔 · 코네티컷 · 로드아일랜드 · 버먼트 · 메인주 등은 영국과 기후가 비슷한 탓에 초기 영국계 이주민이 많이 정착해 뉴잉글랜드로 불리는 지역이다. 하버드대학 설립 후 예일대(1701년), 펜실베이니아대(1740년), 프린스턴대(1746년), 컬럼비아대(1754년), 브라운대(1764년), 다트머스대(1769년) 등이 잇따라 설립됐다.

이들 대학은 미국 독립 후 개교한 코넬대(1865년)와 더불어 미국 북동부에 있는 8개의 명문 사립대학인 아이비리그(IvyLeague)라 불리게 된다. 아이비리그대학은 아니지만 매사추세츠공대(MIT), 스탠퍼드대, 시카고대, 듀크대, 존스홉킨스대 등 미국 동북부에는 명문대가 많은 것은 이같은 역사적 배경에 기인한다.

뉴잉글랜드지역은 초기부터 영국계 이주민들이 정착하면서 미국인들의 마음의 고향이자 정신적 지주역할을 하는 곳으로 미국대학의 모습은 하버드대를 중심으로 한 보스턴지역, 나아가 뉴잉글랜드지역 대학을 원형으로 전국적으로 확산됐다.

## 2) 모릴법(MorillAct)으로 양적 팽창

이후 미국은 서부개척과 인구증가로 늘어난 고등교육 수요에 부응하기 위해 자연스럽게 주립대학과 자산가들의 기부금을 바탕으로 사립대들이 하나둘씩 설립되기 시작한다. 하지만 전반적으로 주정부 재정이 충분하지 않은데다 고등교육기관 지원도 부족한 상황이 상당기간 지속된다. 대학난립으로 설립과 폐교가 반복되고 사회문제가 되기도 한다.이런 상황에서 고등교육 발전사의 중요한 전기가 되는 소위 모릴법(MorillAct)이 탄생하면서 미국대학은 양적 성장의 기반을 마련한다.

모릴법은 미국 하원의원인 J.S.모릴이 발의해 가결된 두 개의 법률이다. 남북전쟁이 한창이던 1862년과 1890년 두차례 모릴법으로 주립대학의 건립과 확장을 쉽게 할 수 있게 한 법이다.당시 연방정부에서 각 주에 3만 에이커(최대 9만 에이커·1에이커는 약 4천047㎡)의 국유지를 기부하고 주정부에서 이를 바탕으로 기존 주립대를 확대·개편하거나 신설하도록 했다. 1차 모릴법(1862년)은 당시 수요가 폭증하던 농업 및 공업분야 인력양성을 위해 주정부가 주립대학을 통해 중산층과 노동층 자녀들이 실용교육을 받도록 했다.

2차 모릴법(1890년)은 같은 방식으로 남부지역에 흑인들의 교육을 위해 단과대학을 설립하도록 했으며 20세기 초반까지 미국의 모든 주로 확산됐다. 이 모릴법에 의해 전국에 100개 이상의 주립대가 확대·개편되거나 새로 설립됐다. 이 모릴법의 영향은 주립대뿐만 아니라 동북부의 명문사립대학인 코넬대학과 MIT도 혜택을 받았다.

특히 주목할 점은 미국 초기 대학들이 대부분 성직자 양성을 위한 인문교양예술 중심의 대학이라면 이 모릴법에 의해 탄생한 대학은 대부분 농업과 공업 등 실용적인 분야 인재육성에 초점이 맞춰져 있다는 점이다. 당시 급성장하는 미국의 산업수요와 농업수요에 필요한 맞춤형 인력을 공급하면서 대학의 팽창과 함께 미국이 급성장하는 바탕이 됐다.

### 3) 2차 대전 전후 질적 성장

미국대학은 20세기 초반까지 약 300년 동안 많은 성장을 이루고 있었지만 영국이나 유럽대학에 비해서는 낮은 평가를 받고 있었다. 대학설립 역사가 상대적으로 짧은데다 유럽대학과 달리 연방정부의 체계적인 지원을 받기 어려운 구조였기 때문이다. 미국은 주(州)의 자율성을 중요시하는 정신에 따라 가능한 한 연방정부의 간섭을 배제하려는 경향이 강한데 교육 또한 예외는 아니다. 연방정부의 고등교육기관 지원에 대해서 미국내에서 많은 논쟁이 있었지만 연방정부의 간섭배제라는 독립정신을 극복하지는 못했다.

하지만 1·2차 세계대전은 연방정부와 대학과의 관계에 근본적인 변화를 몰고 왔다. 나라의 명운이 걸린 국제전쟁 속에서 전쟁수행에 필요한 무기개발, 공중보건, 경제개발 및 재건 등을 위한 목적으로 연방정부는 대학과 대학교수에게 많은 연구비를 지급하기 시작했다.

이같은 기조는 2차 세계대전을 승리한 후에도 지속됐다. 전쟁을 통해 응용과학뿐만 아니라 기초학문의 중요성을 깨달으면서 연방정부는 전례없는 대규모 프로젝트를 대학과 진행하게 된다. 미국은 2차 대전 후 세계의 패권국가로 떠오르면서 지속적으로 군사적 우월성을 유지하기 위해 관련 연구를 대학을 중심으로 진행했다. 나아가 평화시대 경제성장과 미국국민들을 비롯한 인류의 삶의 복지향상을 위한 연구개발에도 적극 나서면서 대학과 연방정부와의 관계는 더 밀접해졌다. 연방정부의 대표적인 대학지원 기관은 국립과학재단(NSF-National Science Foundation)이다. 1950년 의회가 '과학의 진보를 촉진하고, 국가 건강, 번영 및 복지를 향상시키며, 국방을 확보하기 위해' 만든 독립된 연방 기관이다. 대학에 미국 경제와 관련된 연구, 국가 안보 강화, 글로벌 리더십 유지를 위한 지식 향상 등의 프로젝트에 예산을 지원한다. 연간 예산이 81억 달러(2019년 회계 연도)인 NSF가 미국 대학에 지원한 기초 연구비는 미국의 대학이 수행하는 모든 연방 지원 기본 연구비의 약 27%를 차지한다. 수학, 컴퓨터 과학 및 사회 과학과 같은 많은 분야에서 NSF는 연방 지원의 주요 자금줄이다.

지난 수십 년 동안 NSF가 자금을 지원한 연구원들은 약 236개의 노벨상을 수상했으며 기타 수많은 기초과학 관련 상을 수상했다. 미국대학들은 연방정부의 든든한 지원에다 자산가들의 기부금 등이 쌓이면서 재정적으로 유럽대학을 능가하게 됐다. 이는 궁극적으로는 연구능력 향상으로 이어져 1980년대를 전후해 미국대학 상당수가 유럽대학을 능가하거나 대등한 위치에 서게 되면서 이제는 세계대학 상위랭킹을 독차지하는 환경에 이르렀다.

## 4) 한계상황과 극복노력

현재 미국의 고등교육기관은 5천개 정도로 추산되고 있다. 이 가운데 약 40%가 커뮤니티 칼리지(Community College)이다. 우리나라와 비교하면 중·소도시에 산재하고 있는 2년제 전문대학과 유사하다. 단순히 고교졸업생 교육뿐만 아니라 지역사회 교육 및 혁신역량 제고 역할을 하고 있다. 나머지 60%가 4년제 대학으로 분류된다. 4년제 일반대는 학부중심대학, 연구중점대학, 연구중심대학으로 분류할 수 있는데 소위 명문대는 연구중심대학들이다.

연구중심대학은 또 60~100개 대학 정도가 명문으로 꼽히고 연구중점대학을 포함하면 250~300개 대학이 상위권대학으로 볼 수 있다.

미국의 고3 졸업생은 연간 300만 명 정도이고, 이 가운데 3분의 2가 대학에 진학한다. 대학 진학자의 40%는 커뮤니티 칼리지에 입학하고 나머지는 4년제에 입학한다. 2017년 자료로 입학생의 52%는 사립대, 44%는 주립대를 비롯한 공립대에 진학했다.

미국대학들이 여전히 세계 10위 권, 50위 권, 100위 권에서 강세를 보이고 있지만 1980년대부터 내재적인 문제들이 드러나기 시작해 현재는 상당히 심각한 수준에 이르고 있다. 미국대학의 위기는 미국경제의 침체와 중산층의 붕괴와 밀접한 관련성을 갖고 진행되고 있다.

미국은 1980년대 이전에서는 고교성적 25% 이내 학생들은 지역의 명문대에 진학했으나 2018년 전후 13%로 줄어들었다. 학생들이 자기 지역 우수대에 진학할 기회가 점점 줄어들고 있는 것이다. 연방 및 주정부에 대한 교육투자가 점점 줄어들면서 학생수 증가에 따른 대학 증설, 명문대 정원완화 같은 조치가 취해지지 않아 중산층의 계층 이동 사다리 역할을 하던 대학기능에 한계를 보이고 있는 것이다.

최근 변수로는 2008년 미국 금융위기가 직격탄이 됐다. 주정부의 재정지원 감소로 고등교육비 부담이 10년전에 비해 3배 이상 높아졌다. 주정부 가운데 2019년 현재 고등교육기관 지원액이 2008년 금융위기 이전 수준으로 유지하고 있는 주는 6개 주에 불과하고 19개 주는 여전히 20% 이상 삭감된 상태를 유지하고 있다 .

명문대 진학에 대한 계층간 격차는 점차 확대되고 있다. 한 통계에 의하면 연소득이 63만 달러(한화 7억 1천 860만 원)인 미국 상위 1% 가정의 학생이 아이비리그에 입학할 확률은 연소득 3만 달러(3천 420만 원)인 가정의 학생에 비해 77배나 높은 것으로 나타났다. 또 2017년 자료에 의하면 명문대 학생 가운데 고소득층 자녀는 25%를 차지하는 데 비해 저소득층은 0.5%에 불과한 것으로 집계됐다.

스탠퍼드대 · 프린스턴대 · 컬럼비아대생 가운데 소득분위가 50% 이하인 학부생은 14%에 불과했다. 명문대가 점점 고소득층의 기득권을 지키기 위한 대학으로 변해가고 있다. 한편으로 미국은 향후 필요한 대졸인력 부족이라는 현상에 직면할 것으로 우려될 만큼 고등교육의 기관이 부족한 실정이다. 그럼에도 하버드대는 매년 4만 명이 지원해 1천600명이 입학해 합격률 4.6%에 불과하고 프린스턴대 등 다른 명문대들도 합격률이 5% 안팎에 불과한 실정이다.

교육수요에 맞춰 신입생을 늘리기보다는 그들만의 성을 공고히 하고 있고, 명문 주립대도 재정난으로 저소득층의 학비부담을 경감시켜

주는 데 한계를 갖고 있는 것이다. 이런 현상이 지속되면서 미국은 대학 간 빈익빈 부익부 현장이 더욱 심화되고 있고, 중산층 붕괴로 명문대는 점점 고소득층 자녀를 위한 대학으로 굳어져 가고 있다.

# 제6장

## 지역학과 도시, 그리고 마주침

박승희*

## 1. 장소 철학과 지역학

　지역학에 대한 논의는 여전히 진행형이다. 지역적 복잡과 학문적 다층, 시대적 가변(可變)이 지역학 내외부에서 끊임없이 작동하고 있기 때문이다. 따라서 지역학에 대한 질문과 성찰 또한 현재진행형이다.

　경제패권이 지배하는 시대에 철학은 인간 삶의 다양한 측면을 탐색하는 하나의 질문일 수 있다. '우리는 어디에 존재하는가', '존재하는 것들은 모두 장소 위에 존재한다'[1]는 명제도 그 중 하나이다. 지역학도 이 명제에서 출발한다. 지역학은 우리 자신이 곧 장소란 의미[2]를 내포한다.

* 영남대학교 국어국문학과 교수

1) E. S Casey, "Getting Back Into Place"
2) Derrida, cited by B. Janz, In "philosophy as if place mattered"

철학과 과학은 각자가 존재하는 곳, 즉 삶의 장소에 대한 촉각으로 만들어진다. 잊혀진 '인간'을 삶의 본래 자리로 회복하는, '세계-내-존재(Being in the world)'는 철학의 본질이다. 철학은 세계 혹은 장소의 존재론이다. 인도에서 출발한 원시불교가 치열한 자기 응시와 직관을 중시하는 한국의 선불교와 일본의 정토 불교, 나아가 자비와 이타행(利他行)을 강조하는 티벳 불교와 다른 것도 바로 '장소'의 영향이다.3) 다른 장소(지역, 국가)에서 '다른 철학'이 탄생한 것이다.

전 지구적으로 횡행하는 지정학적 차별을 극복하는 제3세계 철학도 그런 것이다. 주지하다시피 서구·유럽의 절대적 보편주의는 타자 및 '다르게 세계를 보는 것'을 인정하지 않았다. 하나의 로컬 철학(서부·유럽 철학)이 철학 자체를 획일화, 단순화시킴으로써 새로운 로컬 철학의 등장을 가로막고 있는 것이다. 전 세계의 정치, 경제 및 사회적 상황에 관한 종합 연구, 즉 글로벌(Global) 스터디(Studies)로서의 철학은 지금까지 제1세계 지배학을 중심으로 구축되어 왔다. 제1세계 지배학은 자신의 국가를 중심으로 바깥 세계를 관찰하고 영향력을 행사한다. 어떻게 지배력을 존속시킬 것인지를 핵심 내용으로 하고 있다.

한편, 제3세계가 중심이 된 공존의 관점이 로컬 기반(underlying studies of locals)의 새로운 철학으로 등장하고 있다. 제1세계에 묶인 학문적 식민의 매듭을 푸는 주체는 제3세계여야 한다는 점에서 제3

---

3) 박치완, '철학의 장소화 하기', 영남대학교 인문교육학술원 발표 자료, 2022.

세계 공존학은 의미 있는 지성적 흐름이다. 과거의 단일 국가 중심의 연구로부터 글로벌과 로컬들의 관계를 중심으로 하는 이슈별 협력과 공동 연구로의 전환 또한 철학적 지평의 전환적 지점이다.

제3세계 공존학은 제1세계 지배학에 대한 정확한 분석-비판-극복을 목표로 한다. 모든 관점을 초월하는 방식(God's eye-view knowledge)에서 모든 관점을 배려하는 방식으로, 탑-다운(Top-Down) 방식이 아닌 바텀-업 방식으로 새로운 연구 방법이 시도되고 있다. 기존의 세계 지배학이 결여하거나 간과하고 있는 연구 주제들에 대해 새롭게 문제 제기 및 대안을 제시한다. 더욱이 제1세계에 제3세계의 지식/철학을 변증법적으로 융합시키는 작업이 제시되고 있다. 탈식민적 연구자들, 제3세계주의자들에 의해 지방화된 유럽학과 아시아학, 아프리카, 중남미 등이 새로운 지식으로 등장하고 있다.4)

이러한 지구학으로서의 제3세계 공존학, 즉 로컬 철학은 국가 내 지역학에도 철학적 흐름을 제공한다. 제3세계 공존학은 일종의 장소에 대한 권리 회복을 의미한다. 그러므로 공존학은 장소의 현상학이다. 나(I)에 대한 실존적 염려를 로컬이란 장소-내-존재로 전이하는 존재감을 제공한다. 저기 있는 추상적 세계(world-there)가 아니라 여기 내 앞에 있는(I-here) 구체적 장소가 공존학의 대상이다. 장소는 더 이상 단순 물리적 공간만이 아니라 정서적·실존적 공간 그리고 사회적·문화적 공간이다. 존재의 내면화가 복잡하게 진행되는 과정

---

4) 박치완, '철학의 장소화 하기', 영남대학교 인문교육학술원 발표 자료, 2022.

에 장소는 재구성되는 것이다. 내가 사고하고 노동하는, 그리고 상상하는 곳이 바로 장소인 것이다. 그러므로 내가 존재하지 않는 곳은 장소 상실의 현장이 된다. 결국 '내가 생각하는 곳에 내가 존재한다.' 즉, '장소를 철학화하라!'란 명제가 지역학의 주요한 철학적 기반이 된다. 결국 지역학은 나(I)라는 지역성, 즉 장소성에서 출발한다.

## 2. 도시혁명과 '도시적인 것'

여전히 국가주의의 시대이다. 20세기의 국가는 근대 산업화와 자본 축적의 식민지 매카니즘과 '파시즘적 공공성'을 기반으로 한다. 자연히 지역은 국가나 중앙 정부의 동원체계와 중앙의 하위 단위로 존재해 왔다. 국가의 하위 단위로서의 지역은 스스로의 멘탈리티를 주변화하고 자기 망실(亡失)의 역사를 경험하게 된다. 그 결과는 자신의 미래와 지역을 연결시키지 않는 청년의 등장으로 상징된다. 정체성 회복, 지역사회공동체의 붕괴, 지역 소멸 등 현재의 난제는 그 결과들이다.

한편, 국가주의는 국가 간 국경의 문제를 둘러싼 대립적 상황 돌출 등 다양한 국가 분쟁을 낳고 있다. 국가주의적 패권과 세계화를 통한 자본의 집중이 결국 또 다른 갈등과 반사회적 결과로 이어지고 있다. 이에 대한 성찰로 우리가 사는 곳, 지역 혹은 도시에 대한 재발견이 화두로 등장하고 있다. 식민지를 재구성하는 국가주의적 망상을 넘어선 지역성 회복과 도시혁명이 요구되고 있다. 인간의 삶은 '어느 국가에 사는가'보다 '어떤 도시에 사는가'에 따라 더 많은 영향을 받고 있다는 사실이 이를 반증한다. 도시(지역)의 역사는 국가의 역사보다 장기지속적이며 보편적이다. 도시와 인간의 삶의 본질에 관한 문제는 Robert Park의 발언에서 좀 더 명확해진다.

> "인간은 자신의 마음속 바람에 따라 자신이 사는 세계를 개조하려 시도하는데, 도시는 가장 일관되고, 그리고 전체적으로 가장 성공적인 결과물이다. 그런데 인간은 도시를 만든 이상 운명처럼 그 안에서 살아가야 한다. 따라서 인간은 자기 임무의 본질이 무엇인지 명확하게 이해하지 못한 채, 간접적으로 도시를 만드는 일을 통해 자신들을 거듭나게 했다고 할 수 있다."5)

도시는 건물과 도로가 아니라 인간의 공간이다. 인간으로 구성된 사회적 네트워크이다. 생명계와 동일한 네트워크적 특성을 갖고 있다. 때문에 생물학적 법칙이 적용된다. 도시의 규모가 커질수록 투입요소와 에너지 활용의 효율성을 발휘하는(sub-linear scaling law) 것은

---

5) Rober E Park, "The city", the University Chicago Press, 2019.

모든 생명계의 공통된 특징이다. 생산성, 임금, 질병, 범죄 등과 사회경제적인 결과는 도시의 규모가 커질수록 수확 체증 현상(super-linear scaling law)을 보여준다. 어느 사이에 도시의 규모가 도시의 생태가 된다. 자연히 삶의 속도(speed of life)는 도시의 규모와 함께 빨라지면서 생물계와는 대립적인 특징을 드러낸다.

모든 유기체는 특이점에 도달하면 파멸이 불가피하다. 하지만 지속적인 혁신을 통해 이를 극복하기도 한다. 그러나 도시는 기업이나 생물과는 달리 '차원'(dimensionality)을 확대하면서 열린 성장(open-ended growth)을 지속한다. 열린 성장을 위해서 도시는 경제, 사회, 문화 등 모든 영역에서 끊임없는 자기혁신이 필요하다. 부정적 락인(Lock-in) 현상에 직면한 도시는 이를 피하기 위해, 도시의 '시계'를 리셋(reset the clock)'하여야 하고, 모든 것을 새롭게 출발(start over again)시켜야 한다. 이를 도시혁명(Urban Revolution)이라 부른다.[6]

도시혁명 개념을 재정립한 것은 앙리 르페브르(Lefebvre)이다. 르페브르는 도시혁명을 역사적 사건의 관점이 아니라 장기적인 문명 전환의 과정으로 이해한다. 산업혁명 이후 국가 주도의 개발과 성장 과정은 결국 지속불가능이란 한계를 노정했다. 특히 국가 중심의 정책과 정치 형태는 지역 도시의 붕괴로 이어졌다. 그러므로 새로운 도시의 관점을 확보하고, 도시에 대한 혁명적 재구성이 필요하다고 그는 주장한다. 르페브르는 도시혁명을 공간 구획적 단위인 도시

---

6) 김영철, '지역학과 도시학', 2019.

(city)로부터 '도시적인 것(the urban)'으로 전환시키는 것이라 주장한다.

획일적이며 고정된 기존의 도시에서 끊임없이 생성되는 유동적인 도시로의 전환을 르페브르는 '도시적인 것'이라 부른다. '도시적인 것'으로서의 도시는 만남, 마주침, 동시성의 장소이다. 상품과 자본, 화폐, 사람, 정보 등 다양한 만남과 마주침으로 역동적인 변화를 일으키는 도시를 상정한다.[7] 경계와 형태가 없는 유동적인 도시적 직조(urban fabric)를 통해 도시의 새로운 주체를 형성하고, 만남과 마주침의 도시 공간을 만드는 일이라 한다. 자연히 장소 철학에 기반한 지역학은 '도시적인 것'들을 주목해야 한다. 만남과 마주침의 주체를 통해 도시의 생기를 복원하고, 삶의 기운을 확보하는 과정이 지역학의 주요 내용이 되어야 한다.

도시는 국가를 중심으로 하는 점층(漸層)이나 점강(漸降)의 어느

---

7) 박배균, '스마트 도시론의 급진적 재구성:르페브르의 도시혁명론을 바탕으로', 『공간과 사회』30(2), 2020.

지점이 아니라 독립된 그러나 끊임없이 도시의 내·외부가 연결되는 특수한 영역이다. 그러므로 지역학은 도시의 독자성과 지역 간 상호 구조를 전제하면서 보편 세계와의 연결을 고민한다. '도시 문화의 리좀적 만남'이 주요한 방향을 제공할 수 있다.

20세기 한국 사회는 편집증적인 국가주의가 도시의 직조와 문화의 리좀적 만남을 억압한 대표적인 사례이다. 더욱이 국가 주도의 경제개발과 성장 패러다임은 도시를 단단하게 응고시키며 획일적인 국가 종속을 구조화하였다. 모든 만남과 마주침 또한 국가주의적 목표를 위한 것이며, 국가는 도시의 또 다른 검열의 기준이 되었다. 지역학은 이러한 국가주의에 대항하기 위한 '도시적인 것'들의 복원을 향한 혁명이어야 한다. 이를 위해 도시에서의 만남과 마주침을 위한 기획을 지역학은 주요한 과제로 해야 한다. 탈국가주의의 내외부를 관통하는 다양한 욕망이 도시 속을 흐르게 하는 것이 곧 지역학일 수 있다.


## 3. 마주침의 도시

직장과 술집, 카페와 마켓, 공공기관과 문화센터, 학교 등 일상의 공간들 속에서 우리는 연결되어 있다. 도시를 에워싼 모든 물질과 움직임이 내 삶의 근거가 되거나 우리들의 일상을 구성한다. 더욱이 행성적 도시화(planetary urbanization)로 명명되는 지구적 규모의 도시화가 진행되면서 도시 속 행위가 삶의 전부가 되고 있다. 이데올로

기와 정치, 문화와 자본, 욕망이 응축된 도시는 모두 것들이 교차하고 해후한 결과들이다. 특히, 도시는 정치적 상상과 이를 둘러싼 현실정치의 결정체라 할 수 있다.

보들레르, 짐멜, 벤야민 같은 근대 초기 메트로폴리스(metropolis)를 경험한 유럽의 지식인들은 근대도시의 일상을 자본주의적 근대성이란 알레고리로 풀이한다. 하이데거가 『숲길(Holzwege)』에서 말한 '존재에서 분리된 존재자들의 경악'도 그 중 하나이다. 지리학자이자 사회이론가인 데이비드 하비는 도시와 인간의 삶에 대해 질문한다. '우리가 어떤 도시를 원하는가 하는 문제는 우리가 어떤 사람이 되려고 하는가, 사회와 어떤 관계를 맺으려고 하는가와 관련된다'고 말한다. 삶의 형태와 존재론적 가치, 나아가 미적 기준의 실체가 도시에 있다는 말이다.

부르주아 도시에서 근대 상업 도시와 산업혁명의 도시로 이어지는 유럽의 도시사는 근대의 이중성을 그대로 노출시켰다. 아케이드, 카페, 레스토랑, 가로등 등 부르주아 문화의 아이콘들이 거리와 시장을 중심으로 등장하는 한편, 환경오염과 불평등, 빈곤의 극심한

양극화와 같은 일이 도시의 곳곳에서 동시에 일어나고 있다. 그 한가운데 근대도시 파리가 있다.

보들레르는 근대도시 파리를 서정시의 주제로 삼았다. 우울과 알레고리의 시인에게 파리는 상품과 자본으로 응축된 이중 도시였다. 도시의 이면은 상품과 화려한 아케이드의 환영(幻影)으로 대체되며 죽음과 뒤섞인 파리의 환상은 그렇게 탄생하였다. 발터 벤야민은『파리의 원풍경』에서 상품과 패션과 근대자본, 즉 금융에 가려진 매춘과 가난을 도시의 저승적 요소라 표현한다.『고리오 영감』에서 발자크는 '지옥과 매춘의 도시'라고 파리를 직격했으며, 에밀 졸라는 소설『목로주점』에서 '알콜과 반윤리와 비극의 결정체'로 파리를 묘사했다.

한편, 1852년 오스망은 파리 대개조를 통해 근대도시의 모형을 제시했다. 직선으로 뻗은 대도(大道), 상품으로 가득한 아케이드, 하수도와 관청, 금융가로 근대도시 파리를 구현했다. 그러나 노동자들의 주거 공간은 그 과정에 정부에 수용되거나 파괴되었다. 벤야민이『아케이드 프로젝트』에서 '이제 도시는 집 대신에 도로가 중심이 된, 판매자이자 상품인 매춘부의 모습'이라고 일갈한 것도 근대도시의 본질을 그대로 드러낸 것이다. 보들레르의 감각적 알레고리, '악의 꽃'도 그렇게 탄생한 것이다.

산업혁명 이후 도시의 비극은 여전히 진행형이다. 기술/경제, 자본/상품의 단단한 결합, 심지어 감정과 미학적 기준조차 자본으로 구조화되는 도시에 우리는 살고 있다. 이런 상황에서 어쩌면 도시의 지속가능성은 도시학자 르페브르의 말처럼 '도시혁명'뿐일지 모른다. 그는 산업혁명이 초래한 노동과 삶의 해체에 대한 '절규이자 요구'로서 도시에 대한 권리를 주장한다. 그리고 도시이론가 메리필드는 기존의 도시 관념에서 벗어나 '뭔가 새로운 것, 뭔가 미래적이고, 생성 과정 중에 있는 도시를 포용'하는 도시혁명을 제안하며, 르페브르의 도시혁명을 지원하였다. 그는 현실적으로 무력하고 추상적인 시민권 대신 다양한 정체성을 기반으로 하는 일상생활 속 연합적 연대와 감정의 연대 구조와 같은 새로운 주체성을 강조한다. 특정한 내용이나 형태도 없이 도시에 내재하는 실천적 역동성을 도시혁명의 동력으로 보고, 도시 내부에서의 만남과 마주침을 주창한다. 그는 "도시가 보내는 표시는 모임의 신호"이며 "순수한 형태로서의 도시는 마주침, 모임, 동시성의 장소"라는 르페브르의 말을 인용하면서, 도시를 만남과 마주침의 장소로 규정한다.

## 4. 지역학, 무엇을 할 것인가

공간의 불평등은 이미 전면적이다. 위성 사진에서 바라본 한반도는 불빛의 남방한계선이 그어져 있다. 수도권에서 멀어질수록 불빛은 희미하다. 몇몇 지역 대도시의 불빛은 아직 강렬하지만 불빛의 정도는 점점 약해지고 있다. 물론 밝기로 모든 것을 설명할 수는 없다. 그러나 지역 불평등이 지금 우리들의 삶을 결정하고 있다는 사실은 분명하다.

주지하다시피 이러한 불평등은 수도권과 비수도권, 도시와 농촌을 승자와 패자로 구분한다. 승패는 지역의 생산성, 혁신과 삶의 질, 경제 수준, 그리고 문화적 삶을 규정한다. 패자는 불만과 분노를 내재하고 지리적 열등감으로 공간 이동을 욕망한다. 당연히 청년 세대에게 그 욕망은 더욱 강렬하다. 그럴수록 지역은 더욱 황폐해져 간다. 그리고 지역 고립과 지리적 열등이 일상적 감정을 만들어 가고 있다.[8]

이런 상황에서 지역학의 탄생은 필연적이다. 아니 필사적이다. 지역과 도시의 정체성이 사라지고 미래 가능성과 비전을 발견할 수 없으면 지역 또한 사라진다. 지역학은 일반적으로 국가 내 일정한 행정구역이나 지역 또는 세계권 내의 국가를 단위로 다양한 분야를 전문적으로 분석하고 종합적으로 연구하는 학문을 말한다. 즉, 지역학은 특정 지역이나 공간의 특수성 및 보편성을 총체적으로 아우르는 융합적 사고에 기반한다. 다양한 분과학문들이 활발한 교류를 통해 지

---

8) 박승희, 「창조융합문화도시, 대구경북을 제안한다」, 영남일보, 2022.3.1.

역적 가치를 창출하는 융합학
문이라 할 수 있다. 지역 및 공
간, 문화와 역사와 관련된 객관
적이며 과학적인 분석을 수행
하는 학제간(inter-disciplinary)
학문이라 정의하고 있다.9) 그
러나 무엇보다도 지역학은 지
역(도시)/중앙, 국가/지역, 수도
권/비수도권 사이의 삶의 불균
형과 불평등이 탄생시킨 현실
학문이란 점을 기억할 필요가
있다.

지역학의 시작은 1990년 초 지자체의 복원과 함께 시작되었다. 지
역 자치가 현실화되면서 지역과 중앙의 기형적 양대 구조를 극복하
고, 국가 중심의 획일성에서 벗어나는 지역 정체성에 대한 새로운
관심을 연구의 기반으로 하고 있다. 이는 지역적 삶과 정신을 되찾거
나 다양성과 유일성, 보편과 특수, 통합과 다원 등이 사회적 복잡을
구성하고 있는 우리 시대의 변화와도 관련된 새로운 학문 방향이라
고 할 수 있다.10)

---

9) 정삼철, 「지역학 활성화의 동향과 미래발전 과제」, 『월간 공공정책』164, 한국자
   치학회, 2019
10) 김영화·김태일, 「'대구경북학'의 모색」, 『사회과학 담론과 정책』, 2014

도시문화에 대한 관심과 연구 또한 지역학의 주요한 방향으로 등장하고 있다. 세계화와 국가 간 대립 과정에서 훼손되거나 분할된 인간 삶의 핵심적 단위인 도시의 새로운 가능성과 독자성을 살피는 도시학이 지역학의 새로운 영역으로 부상하고 있다.

"도시는 본래 잉여생산물이 사회, 지리적으로 집적되는 과정에서 생성된 것이고 자본은 계속해서 잉여를 증식하기 위해 도시에 대한 독점적 지배권을 관철하려 한다. 하지만 도시의 주인인 인간은 자신들의 권리를 주장하고 도시에 대한 권리를 되찾아야 한다."[11]라는 하비(David Harvey)의 말은 지역학의 또 다른 질문이다. 최근의 인간 중심의 도시학이 지역학의 주요 방향인 된 이유도 여기에 있다.

도시는 차이에 근거한 독자적 도시성(urbanity)을 통해 지속가능성을 보장받아야 한다. 도시는 '차별화된 공간(differentiated space)'으로서 독자적 도시성을 확보할 필요가 있다. 중앙정부의 하위 단위로서가 아니라 '도시'로서의 자기 정체성을 분명하게 선언할 필요가 있다. 그 정체성의 핵심은 인간 중심의 도시일 것이다.

이러한 관점 위에 지역학은 구체적으로 무엇을 하고 있는가. 또 무엇을 할 것인가. 몇 가지 거친 제언을 하면 다음과 같다.

첫째, 지역학은 개별 지역이나 도시에 대한 연구가 아니다. 국가나 민족, 영토와 공간 등으로 구획된 지역학은 일종의 제국적 발상이자

---

11) 데이비스 하비, 한상연 옮김, '반란의 도시', 2012.

근대자본의 논리에 가깝다. 식민지 제국의 점령과 자본 증식을 위한 지역 우선 혹은 개발의 지역학은 근본에서부터 다시 이야기할 필요가 있다. 오히려 국가나 자본의 내부를 가로지르며 민족이라는 우월적 경계를 벗어나는 지역학, 도시와 지역의 독자적 삶의 실체로서의 지역학에 대한 재발견이 필요하다. 역설적으로 탈지역학이 바로 지역학일 수 있다. 최근 제기되고 있는 제3세계 공존학이 새로운 지역학에 참고가 될 것이다.

둘째, '지역의 세계화'라는 기능적인 목표를 벗어나야 한다. 지금의 글로컬리즘(Glocalism)은 지역의 우수성을 세계적 위상으로 확인하려는 지극히 기능적인 지역학이다. 지역과 세계의 관계는 세계 체제나 세계 질서로의 국가 편입, 그리고 국가 위상의 확보라는 기존의 국가 층위와는 다른 층위에서 시작되어야 한다. 지역학으로서의 글로컬리즘은 지역과 세계의 차이에 대한 긍정과 공유적 가치의 발견, 이를 통한 지역(도시)의 존재론을 찾는 것에서 시작되어야 할 것이다. 예를 들면 지역의 세계적 공유 방식, 도시 간 연결을 통한 세계의 재구성, 생활 문화의 보편성과 심상의 독창성 등이 지역학 연구의 한 부분이 될 것이다. 동아시아 도시 간 연결과 접속을 통해 새로운 도시성을 만들어 가는 것도 중요한 방향일 수 있다.

셋째, 지역적 소재 활용에 앞서 지역과 지역, 도시와 도시를 잇는 연구 방법을 적극적으로 모색해야 한다. 횡단과 이탈의 지역 및 도시 연구의 방법론이 필요하다. '문화적 이질성(heterogeneous)과 지역문화의 탄생', '지역을 가로지르는 문명사' 등 다양한 기획을 시도해야 한다. 국가주의적 계보로부터 벗어나 지역과 도시에 대한 우발적이면서 리좀(Rhizome)적인 시도와 기획이 전면적으로 일어나야 한다. 동아시아 도시를 연결하는 독창적이며 우발적인 만남이 필요한 이유도 여기에 있다.

# 참고문헌

김영화 · 김태일, 「'대구경북학'의 모색」, 『사회과학 담론과 정책』, 2014
데이비스 하비, 한상연 옮김, 「반란의 도시」, 2012.
박배균, 「스마트 도시론의 급진적 재구성: 르페브르의 도시혁명론을 바탕으로」, 『공간과 사회』30(2), 2020.
박치완, 「철학의 장소화 하기」, 영남대학교 인문교육학술원 발표 자료, 2022.
박승희, 「창조융합문화도시, 대구경북을 제안한다」, 영남일보, 2022.3.1.
이재호, 「부가가치 창출을 위한 지역학의 응용과 과제」, 『한국지역학포럼』, 2017.
정삼철, 「지역학 활성화의 동향과 미래발전 과제」, 『월간 공공정책』164, 한국자치학회, 2019
Derrida, cited by B. Janz, In "philosophy as if place mattered"
E. S Casey, "Getting Back Into Place"
Rober E Park, 'The city', the University Chicago Press, 2019.

| 집필자 소개 |

권응상 대구대학교 문화예술학부 교수

김영철 계명대학교 경제금융학과 교수

도현학 영남대학교 건축학부 교수

박승희 영남대학교 국어국문학과 교수

박종문 영남일보 편집국 부국장

최병두 대구대학교 지리교육과 명예교수

대구대학교 인문과학연구소
동아시아도시인문학총서 15

## 동아시아 도시의 접속과 연결(이론편)

초판 인쇄 2024년 2월 21일
초판 발행 2024년 2월 29일

기　　획 | 대구대학교 인문과학연구소
집 필 자 | 권응상·김영철·도현학·박승희·박종문·최병두
펴 낸 이 | 하운근
펴 낸 곳 | 學古房

주　　소 | 경기도 고양시 덕양구 통일로 140 삼송테크노밸리 A동 B224
전　　화 | (02)353-9908 편집부(02)356-9903
팩　　스 | (02)6959-8234
홈페이지 | http://hakgobang.co.kr/
전자우편 | hakgobang@naver.com, hakgobang@chol.com
등록번호 | 제311-1994-000001호

ISBN 979-11-6995-483-9　94910
　　　979-11-6586-396-8　(세트)

값 : 18,000원

■ 파본은 교환해 드립니다.